KB194636

한민족의 출애굽기

한국의
큰 목사들

한국의 큰 목사들

발행일	2021년 7월 7일

지은이	김수태		
펴낸이	손형국		
펴낸곳	(주)북랩		
편집인	선일영	편집	정두철, 윤성아, 배진용, 김현아, 박준
디자인	이현수, 한수희, 김윤주, 허지혜	제작	박기성, 황동현, 구성우, 권태련
마케팅	김회란, 박진관		
출판등록	2004. 12. 1(제2012-000051호)		
주소	서울특별시 금천구 가산디지털 1로 168, 우림라이온스밸리 B동 B113~114호, C동 B101호		
홈페이지	www.book.co.kr		
전화번호	(02)2026-5777	팩스	(02)2026-5747

ISBN	979-11-6539-830-9 03230 (종이책)	979-11-6539-831-6 05230 (전자책)

한민족의 출애굽기

한국의
큰 목사들

김수태 지음

한국 교회를 이끌어 온
우리 시대 큰 목사 10인의 목회와 생애

한경직 / 조용기 / 김선도 / 옥한흠 / 하용조
김준곤 / 김삼환 / 김장환 / 김진홍 / 김양재

북랩 book Lab

권종호

오수교회 원로목사

믿음의 생활은 배우고 익히고 또 배워야 하는 세계임을 새삼 깨닫
게 됩니다.

그동안 우리나라에 믿음의 큰 목사들이 있음을 알고 있었습니다만
이번에 읽게 된 『한국의 큰 목사들─한민족의 출애굽기』에서는 새로
운 사실들을 많이 알게 되었습니다.

우리 아버지 하나님께서 이 한민족에게 이리도 큰 목회자들을 길
러 주셨음에 머리 숙여 감사를 올립니다.

이스라엘의 '출애굽기'는 성경에서 수없이 읽고 배웠지만 우리나라
한민족의 '출애굽기'가 있었음에 경탄할 뿐입니다.

세계 제1의 교회를 이룩하신 조용기 목사님, 세계 제1의 감리교회
를 이룩하신 김선도 목사님, 그리고 복음성가를 온 나라에 전파하게
하신 하용조 목사님, 방송선교를 통하여 극동 아시아에 복음을 전파
하고 계시는 김장환 목사님, 2000년 이후에 설립된 교회지만 크게 성
장 부흥하게 한 김양재 목사님.

어디 그뿐이겠습니까? 이 책에 등장하시는 열 분의 목사님들, 너무나 소중하고 소중한 주님의 종들임을 알게 되었습니다.

이 책을 쓰게 하신 분도 하나님이시며, 이 책이 출판되어 한국 교회에 나타나게 됨이 하나님의 뜻임을 믿어 의심치 않습니다.

제가 존경하는 김수태 목사가 이 일에 쓰임받게 됨이 또한 감사합니다.

많은 분들이 이 책을 읽어 우리 아버지 하나님께서 우리 한민족을 얼마나 어떻게 사랑하셨는가를 확신하는 계기가 되기를 바라오며 이에 추천하는 바입니다.

공미연
금빛교회 권사

우리나라 대한민국에서 믿음의 생활을 함이 얼마나 감사한 일인지요! 우리 하나님께서 우리나라를 특별히 사랑하시고 은혜 주셨음을 알게 되었기에 그러합니다. 대한민국 안에 세계 제1의 교회가 있다는 사실이 놀라운 일이 아닙니까? 하나님께서 열 분의 종들을 통하여 펼치시는 하나님의 드라마, 이 모두가 다 하나님의 계획 속에 있었음을 믿습니다. 이스라엘 민족을 애굽의 그 고통에서 탈출시키신 하나님, 우리 대한민국을 한국전쟁의 고통과 보릿고개 가난에서 탈출케 하신 하나님, 이는 하나님의 뜻이 아니고는 이룰 수 없는 일일 것입니다.

이번에 김수태 목사님이 쓴 『한국의 큰 목사들―한민족의 출애굽기』를 통해 하나님께서 우리나라를 사랑하시고 목사들을 길러 사용하셨음을 알게 되었습니다. 누가복음 18장 27절의 "사람의 할 수 없는 것을 하나님은 하실 수 있느니라" 하시는 말씀처럼, 하나님께는 불가능한 것이 없습니다. 열 분의 목사들을 통하여 하나님의 기적적인 일들을 수없이 보여 주셨음을 이 책에서 증거하고 있습니다.

그리하여 오늘의 한국 교회가 부흥 발전하였으며, 나라가 가난의 고통에서 해방이 되었음에 그저 감사할 뿐입니다.

우리 민족을 품에 안고 몸부림치셨던 한경직 목사님, 세계 제1의 교회를 이룩하신 조용기 목사님, 청계천 천막촌에서 이리저리 뛰어다니신 김진홍 목사님의 모습이 보이는 듯합니다. 열 분의 목사들을 우리나라에 보내 주신 하나님께 모든 영광을 돌립니다.

많은 분들이 이 책을 읽고 새로운 용기를 얻으시기를 바라면서, 이에 추천하는 바입니다.

 제가 이 책을 쓰고자 제목을 『한국의 큰 목사들』이라 정하고도 1년 여가 지나가는 동안 별로 진척이 없었습니다. 그러던 어느 날 꿈을 꾸고 난 후에 이 책을 빨리 써야겠다는 생각을 하게 되었습니다. '한 민족의 출애굽기'라는 이 엄청난 제목을 어찌 제가 생각이나 할 수 있었겠습니까? 큰 목사들의 책을 읽으면서 글을 써 가던 2020년 11월 어느 날, 아내 김혜경과 같이 가정 예배를 드릴 때에 번쩍, '한민족 의 출애굽기'라는 제목이 떠올랐습니다.

 출애굽기는 곧 '하나님의 기적의 스토리'입니다. 하나님은 모세와 아론 그리고 갈렙과 여호수아를 통하여 수많은 기적을 베푸셨습니 다. 마찬가지로 '우리 하나님께서 한민족의 고통—왕조시대, 일제강점 기 35년, 6·25 한국전쟁, 폐허 위의 가난—의 역사 속에서 그 고통의 기도를 들으시고, 이러한 큰 목사들을 보내셨구나. 이들을 통하여 한 민족에게 기적을 베푸셨구나.' 하는 생각이었습니다. 한경직 목사에게 는 6·25 한국전쟁의 고통을 짊어지게 하셨고, 교단과 가정의 아무런 배경이 없지마는 하나님께서 직접 기르신 조용기 목사를 통해서는 세계 제1의 교회를 이룩하셨으며, 한국의 요한 웨슬리가 되게 해 달라고 기도한 김선도 목사로 하여금 세계 제1의 감리교회를 이룩하게 하셨습니다. 큰 목사들의 책을 읽으면 읽을수록 하나님께서 그들을 기르시고 '기적'을 베풀어 주셨다는 확신을 갖게 해 주었습니다. 그리하여 감히 『한국의 큰 목사들─한민족의 출애굽기』라는 제목을 붙이게 되었습니다.

필자가 이 책을 구상하게 된 계기는 가수 윤복희의 『저예요, 주님』이라는 간증 자서전입니다. 필자는 그 책을 읽으면서 성령님을 체험한 한 사람의 성도의 변화된 삶을 분명하게 알게 되었으며, 대중의 스타인 연예인들을 통하여 전도의 장엄한 드라마가 전개된 사실을 알게 되었습니다.

연예인교회 하용조 목사라는 한 사람의 목회자가 자신의 목회의 큰 계획 속에서 진행한 프로그램들이 어떻게 대중문화 속에서 피어나게 되었는지를 알게 한 책이었습니다.

필자 자신이 수없이 복음성가를 부르고 그 성가들을 통하여 은혜를 받았음에도 불구하고 그 복음성가들이 어떻게 계획되고 어떻게 준비되었으며, 어떻게 대중의 사랑을 받게 되었는지에 대하여 무지했다는 사실을, 필자는 그 책을 통해 알게 된 것입니다.

필자는 그 책을 읽으면서 한 사람의 목회자의 큰 꿈이 얼마나 소중한가를 절실히 알게 되었습니다.

수만 명의 성도들을 섬기는 목회자가 있는가 하면 수십 명의 성도들을 섬기는 목회자도 있습니다. 누가 더 훌륭한 목회를 했는가에 대한 평가는 하나님만이 하십니다. 결국은 모든 목회자들도 주님의 심판대 앞에 서게 되기 때문입니다. 그 일은 주님의 일이시기에 주님께 맡기고, 이 땅에서 사도행전적인 목회를 어떻게 했는가에 대하여 필자는 글로 써 보려는 것입니다.

마태복음 28장 19-20절에는 "너희는 가서 모든 족속으로 제자를 삼아 아버지와 아들과 성령의 이름으로 세례를 주고 내가 너희에게 분부한 모든 것을 가르쳐 지키게 하라" 하시는 예수 그리스도의 지상명령의 말씀이 있습니다.

그렇기에 목회자들은 주님의 명령을 지키고자 전도하려고 애쓰는 것입니다.

목회의 성공 여부를 단순하게 평가할 수는 없습니다. 그러나 분명한 사실은, 성도의 숫자는 평가에 있어 중요한 하나의 몫이라는 것입니다.

이는 목회의 열매로서 평가할 수가 있기에 그러합니다.

사도행전 19장 20절의 "이와 같이 주의 말씀이 힘이 있어 흥왕하여 세력을 얻으니라" 하는 말씀에서도 알 수가 있습니다.

이 책을 쓸 수 있게 해 주신 우리 아버지 하나님께 영광과 감사를 드립니다. 책의 제목을 알려 주심은 저에게는 큰 충격이었습니다.

또한 주인공이신 한국의 큰 목사님들께 감사를 드리오며, 한국 교회와 사회에 큰 목사들을 나타내기 위해 각고의 노력을 하신 저자들에게 깊은 감사를 드립니다. 추천사를 써 주신 권종호 목사와 공미연 권사께도 감사드립니다.

아울러 필자가 평생을 살아오면서 마음으로부터 감사를 드리고 싶은 분들이 있습니다. 대학과 대학원에서 지도해 주신 김이곤 교수님, 초등학교 2학년 때의 담임이셨던 김국자 선생님과 필자의 목회에 깊은 신뢰를 한결같이 주셨던 故 김종학 목사님, 故 정황래 목사님, 유환무 장로님, 김명미 권사, 故 박남옥 권사, 故 임광주 권사, 정금영 권사, 이을순 권사, 유정순 집사, 마순홍 집사, 김미애 집사, 김성은 집사, 권효진 청년에게 깊은 감사를 표합니다.

평생을 동역자로 살아온 아내 김혜경에게 감사를 드립니다.

이 책의 내용은 여러 출처들을 통해 확인한 사항들이지만 혹시 사실과 다르거나 첨가할 부분이 있다면 알려 주시기 바랍니다.

이 책을 읽는 독자들, 특히 목회자가 되고자 하는 이들은 필자의 권고를 숙고해 주시기를 부탁드립니다.

1. 성경을 통독하라

목사가 되기 전에 열 번은 읽어야 한다.

그 이유는 성경 속에 진리가 있고, 성경 속에 목회의 길이 있기 때문이며, 성경은 성경을 해석하기 때문이다.

2. 영어 성경을 통독하라

영어 성경을 통독해야 한다.

조용기 목사는 고3의 나이에 선교사의 영어 통역을 했다.

영어 성경을 해석하면, 설교가 될 수도 있다. 말씀의 뜻이 분명해진다. 귀하가 영어 성경을 통독하면 귀하의 영어 실력 또한 많이 발전할 것이다.

설교를 할 때에 영어 성경을 읽고 그 뜻을 해석하면 그 표현의 풍성함을 알 수가 있다. 인자하심(헤세드, 사랑)을 영어 성경으로 읽어보라.

① 시 130:7 "인자하심(unfailing love)"

　　vs. 시 33:18, 시 48:9, 시 143:12

② 시 43:12 "인자하심(steadfast love)"

　　vs. 시 145:8

③ 시 86:5 "인자하심(abounding in love)"

　　vs. 시 86:15, 민 14:18, 느 9:17, 욘 4:2

④ 시 145:8 "인자하심(rich in love)"

⑤ 시 89:1 "인자하심(great love)"

하나님의 인자하심(헤세드, 사랑)을 다섯 가지로 표현하고 있다.

unfailing love — 실패하지 않는 사랑

steadfast love — 확고부동한 사랑, 불변의 사랑

abounding in love — 풍성한 사랑

rich in love — 부요한 사랑, 풍성한 사랑

great love — 큰 사랑

인자하심에 대한 영어 성경의 다섯 가지 표현은 하나님의 사랑을 나타내기에 다양함과 풍성함을 지녔다.

3. 이 도서들을 필독하라

그러면 귀하의 목회의 앞길이 보일 것이다.

① 아놀드 A. 델리모어, 『찰스 스펄젼』, 김동진 옮김, 두란노

② 김수진, 『아름다운 빈손 한경직』, 홍성사

③ 여운학, 『주여 뜻대로 이루소서』, 규장문화사

④ 김선도, 『5분의 기적』, 넥서스CROSS

⑤ 옥한흠, 『평신도를 깨운다』, 국제제자훈련원

⑥ 문성모, 『하용조 목사 이야기』, 두란노

⑦ 김삼환, 『새벽눈물』, 교회성장연구소

⑧ 김용호, 유재성, 『하나님 만나면 기적이 옵니다』, 나침반

⑨ 김진홍, 『새벽을 깨우리로다』, 홍성사

　　김진홍, 『두레공동체의 정신과 비전』, 두레시대

⑩ 김양재, 『날마다 큐티하는 여자』, 홍성사

⑪ 김수태, 『살리는 사람 유다』, 북랩

4. 이 책을 읽는 목회자들과 평신도들의 깨달음

첫째, 먼저 하나님께서 기르시고 사용하시는 주의 종들의 활동을 열 분의 목사들을 통하여 잘 알 수가 있다.

둘째, 겸손해질 것이다. 열 분의 목사들이 이룬 업적은 너무나 커서 자신이 이룬 업적으로 교만해질 수가 없는 것임을 알 수가 있다.

셋째, 평신도들은 성경에 펼쳐지는 기적의 생생한 현장들을 열 분의 목사들을 통하여 충분히 알 수가 있다.

5. 이 책에서 다루고 있는 목사들

1) 한경직 목사
키워드: '영락교회', '영락기도원', '기독교학교'

2) 조용기 목사
키워드: '세계 제1의 대형 교회', '국민일보', '한세대학교'

3) 김선도 목사
키워드: '광림교회', '세계 제1의 감리교회', '한국의 요한 웨슬리'

4) 옥한흠 목사
키워드: '사랑의교회', '제자훈련'

5) 하용조 목사

키워드: '온누리교회', '두란노서원', 'CGNTV', '기독교 문화를 대중문화 속에 심다', '새롭게 하소서', '저 높은 곳을 향하여'

6) 김준곤 목사

키워드: 'CCC', '엑스폴로 74', '4영리 전도지'

7) 김삼환 목사

키워드: '명성교회', '새벽기도', '명성장학관'

8) 김장환 목사

키워드: '수원침례교회', '극동방송'

9) 김진홍 목사

키워드: '청계천 천막교회', '빈민선교', '두레교회', '두레마을'

10) 김양재 목사

키워드: '우리들교회', '큐티의 여왕'

이제 필자는 이 책에서 목회자들을 선정한 기준을 다음에 제시하고자 한다.

6. 이 책에서 다루는 목사의 선정 기준

1) 사도행전적인 교회, 사도행전적인 목회자

"그들이 이 말을 듣고 마음에 찔려 베드로와 다른 사도들에게 물어 이르되 형제들아 우리가 어찌할꼬 하거늘 베드로가 이르되 너희가 회개하여 각각 예수 그리스도의 이름으로 세례를 받고 죄 사함을 얻으라 그리하면 성령을 선물로 받으리니 이 약속은 너희와 너희 자녀와 모든 먼 데 사람 곧 주 우리 하나님이 얼마든지 부르시는 자들에게 하신 것이라 하고 또 여러 말로 확증하며 권하여 이르되 너희가 이 패역한 세대에서 구원을 받으라 하니 그 말을 받은 사람들은 세례를 받으매 이 날에 제자의 수가 삼천이나 더하더라"(행 2:37-41)

"바나바는 착한 사람이요 성령과 믿음이 충만한 사람이라 이에 큰 무리가 주께 더하여지더라"(행 11:24)

"이와 같이 주의 말씀이 힘이 있어 흥왕하여 세력을 얻으니라"(행 19:20)

"빌기를 다하매 모인 곳이 진동하더니 무리가 다 성령이 충만하여 담대히 하나님의 말씀을 전하니라"(행 4:31)

2) 대형 교회로 부흥 발전케 한 목회자
'20세기 복음주의 아버지'라 불린 영국의 찰스 스펄전 목사가 22세 때

(1856) 실내에 1만 명 이상이 그의 설교를 듣고자 몰려왔으며, 왓 필드는 야외에서 2만 명이 넘는 사람들에게 설교했다는 것이다. 그러니까 이미 19세기에도 1만 명이 넘는 무리들이 모여서 예배를 드렸던 것이다.

3) 특수한 분야에서 전도에 성공한 목회자
CCC 등 교회가 아니나 전도에 성공한 경우.

4) 1950년 이후에 활동한 목회자
8·15 해방 전에도 한국 교회를 빛내신 주기철 목사, 손양원 목사 등 큰 족적을 남긴 분들이 있다. 필자는 그분들에 대한 자료를 찾으려 했지만 역부족이었다. 그래서 1950년 이후에 활동한 목회자들을 중심으로 이 책을 쓰기로 한 것이다. 또한 열 분의 목사들 이외에도 한국 교회에 지대한 영향을 끼친 목사들이 있다. 그분들을 모두 이 책에 담지 못함을 아쉬워하며, 다음 기회에 다른 책에 담고자 노력할 것이다.

위의 선정 기준은 오직 필자 홀로의 선정 기준이다.
교단을 생각해서 선정한 것이 아니다.

7. 이 책의 아우트라인

① 목회자의 비전
② 선조의 기도

'20세기 복음주의 아버지'라 불리운 찰스 스펄전 목사는 그의 조부와 아버지가 다 목사였다. 그러니까 그는 3대째 목사인 것이다. 선조의 기도가 후대에서 빛을 보는 경우는 얼마든지 있다. 성남에 있는 선한목자교회의 유기성 목사는 어느 날 자신이 이렇게 대우를 받고 있음에 대하여 감사한 마음을 가질 때에, 문득 순교하신 할아버지가 떠올랐다고 한다. 즉, 선조의 기도 덕분이라는 생각인 것이다. 이처럼 선조의 기도는 분명히 후대에 좋은 일이 있게 해 주는 것이다. 우리 하나님께서 모든 기도를 다 아시고 계심이다.

③ 선교를 위한 기관 설립

④ 독창적인 선교방법

⑤ 개인의 노력, 하나님과의 관계

등을 조명하고자 한다.

목차

한민족을 품에 안은
큰 어른

한경직 목사

제1장
한경직 목사는 누구인가
——

1. 한경직이 태어나다

한경직 목사는 한국 기독교를 대표하는 목사라 해도 과언이 아니다.

그는 1945년 8월 15일 일본으로부터 해방 후, 북한에서 공산당의 탄압으로 인하여 그해 10월에 월남한 분이다.

그는 1945년 12월 2일 영락교회를 설립하여 대한민국을 대표하는 교회로 성장, 발전시켰으며 6·25 한국전쟁으로 폐허가 된 나라와 국민들에게 기독교 정신을 전파하여 삶의 용기와 소망을 불러일으킨 분이라 해도 과언이 아닐 것이다. 왜냐하면 그는 영락교회를 통하여 하나님의 말씀을 전파했으며, 수많은 교육 시설을 설립하고, 고아와 노인들을 위한 시설들을 설립하였기 때문이다. 전국에 수많은 교회들을 후원하여 발전시켜 나갔다. 지방에도 영락교회라는 이름의 교회들이 많이 있다는 사실이 무엇을 반증하고 있는 것이겠는가?

마침내 그는 1992년 4월 29일에 종교계의 노벨상이라는 '템플턴상'

을 수상하게 된다. 이는 한국인으로서는 유일한 일이다. 그때 그의 나이 90세다. 그러니까 그분의 성직 활동과 은퇴 후의 활동 등을 종합하여 그 상을 수상하게 된 것이다.

이는 한국 기독교의 자랑이요, 그가 세계가 인정하는 목사임을 증거하는 일인 것이다. 우리는 이러한 훌륭한 목사와 우리 시대에 함께 숨을 쉬면서 살았다는 것을 자랑스럽게 생각하게 되는 것이다.

2. 학력

진광소학교(선교사가 설립한 학교), 오산학교(남강 이승훈 장로가 세운 민족학교), 미국 북장로교 선교부가 세운 숭실대학을 졸업하다.

1926년, 미국 엠포리아대학 수료. 1929년, 프린스턴신학교 졸업하다. 1955년 4월 2일, 연세대학교 명예 신학 박사 학위 취득. 1977년 10월 10일, 숭실대학교 명예 철학 박사 학위 취득.

3. 저서 및 작사곡

『건국과 기독교』 외 다수
「겟세마네 동산에서」, 찬송가 444장

4. 가족

아내 김찬빈 여사와의 사이에 딸 한순희와 아들 한혜원을 두었다.

5. 수상 내역

1970년 대한민국 국민훈장 무궁화장 수훈
1985년 프린스턴신학교에서 '모교를 빛낸 영예의 동문상' 수상
1992년 4월 29일 템플턴상 수상
1998년 대한민국 건국공로상 수훈

6. 한경직 목사의 활동

1955년 대한예수교장로회 총회장
1956년 한국기독교협의회(KNCC) 회장
1983년 한국기독교100주년기념사업협의회 총재
1988년 군복음화운동후원회 회장 추대
1989년 한국기독교총연합회(CCK) 준비위원회 대표회장
2000년 4월 19일 98세의 나이로 소천召天하시다.

7. 하나님의 간접적인 부르심

이러한 한경직 목사를 하나님께서는 신비하게 부르고 계심을 알게 된다. 한경직 목사를 부르시는 하나님의 손길을 다음의 일화에서 확인할 수가 있다.

마포 삼열 선교사는 조사 한석진과 함께 원산에서 전도 활동을 한 뒤 조랑말을 타고 평양으로 돌아가다가 그만 길을 잘못 들게 되었다는 것이다. 순천에서 자산 사인장으로 갔어야 할 길을 잘못 간 것이다. 이미 해가 저물어 더 이상 길을 갈 수가 없어서 일행은 부득이 간리間里라는 깊은 산골 마을에서 하룻밤을 지새게 되었다고 한다. 그 마을이 바로 한경직 목사의 일가들이 사는 한씨韓氏 집안의 마을이었다는 것이다. 마포 삼열 선교사의 전도로 그 마을에 반작교회가 세워지고,[1] 그리하여 한경직 소년이 교회를 다니게 되었다는 것이다. 뿐만 아니라 방위량 선교사의 도움으로 교회학교가 열리고 게다가 진광소학교라는 서구식 학교까지 설립이 되었다는 것이다. 그러니까 한경직 소년은 서구식 초등학교에 다니게 된 것이다. 이러한 과정을 거쳐서 한국을 대표하는 한경직이 나타나게 된 것이다. 이는 결코 우연이 아닐 것이다. 하나님의 특별한 섭리 속에서 한경직이 부름을 받게 됨이다. 선교사의 길을 잘못 가게 하신 하나님께서 한경직을 부르시려고 그리하신 것임을 생각하게 되는 것이다. 뿐만 아니라 그를 부르시고 훈련하시는 그 모든 과정에서 하나님의 손길을 알 수가 있다.

---

1) 김수진, 『아름다운 빈손 한경직』, 홍성사(2010), p. 19

한경직은 음력으로 1902년 12월 29일에 부친 한도풍 씨와 모친 청주 이씨 사이에서 장남으로 평안남도 평원군 공덕면 간리에서 태어났다.

그는 마을에 있는 반작교회를 다니면서 성경과 기도와 찬송을 배우고, 서구식 초등학교인 진광소학교를 다니게 된 것이다.

1914년 3월 소년 한경직은 간리에서 3백 리 정도 떨어져 있는 오산학교(남강 이승훈 장로가 세운 민족학교)에 입학하게 된다. 그곳에서 조만식 선생을 만나서 영향을 받게 된다. 즉, 그는 반작교회와 진광소학교에서는 신앙적 기초를 닦았다면 오산학교에서는 나라의 주권을 빼앗긴 조국의 현실을 알게 되었으며 '나라와 민족'을 알게 되었다고 한다. 1919년 오산학교를 졸업하고 평양 남산교회에서 운영하는 영성소학교의 교사로 취직을 하게 된다. 그 후 그는 방위량 선교사의 비서가 되었고 그 일을 계기로 하여 숭실대학에 입학하게 된다. 그는 과학을 공부하기 위하여 이과理科에 진학하여 그 분야의 전문인이 되고자 하였다. 그러나 하나님의 계획은 달랐음을 알게 된다.

8. 하나님의 직접적인 부르심

숭실대학 3학년 여름방학 때에 방위량 선교사를 따라서 황해도 구미포의 선교사들의 모임에 가게 되었다고 한다. 그가 기도하면서 아름다운 구미포 해변을 홀로 걷고 있을 때에 어디선가 세미하고도 강권적인 음성이 들려왔다.

"하나님의 뜻대로 사는 백성이 되어야 한다! 그래야 복을 받는다."

그는 깜짝 놀랐고 두려움에 사로잡혔다. 대답할 말을 잊은 채 하늘을 올려다보는 순간, 보이지 않는 힘에 압도되어 백사장에 무릎을 꿇고 말았다.

"주님 감사합니다. 지금까지 저를 사랑해 주셨으니, 이제부터는 제가 주님의 뜻대로 살겠습니다."[2]

한경직의 이러한 고백은 마치 사도 바울이 다메섹 도상에서 하늘의 강렬한 빛으로 인하여 땅에 엎드러지고 주님의 음성을 들은 것(사도행전 9:3-9)과 비슷한 현상이라 할 수가 있다. 한경직이 하늘의 음성을 들은 후부터 그의 삶이 달라지고 있음이라 할 수 있다.

9. 미국 유학의 길을 떠나다

하나님의 부르심에 대한 한경직의 체험을 들은 방위량 선교사는 미국에서 유학할 것을 권고했다. 그의 주선으로 미국에 건너간 경직은 엠포리아대학에서 1년 수학한 후에 1926년, 프린스턴신학교에 입학을 하게 되었다. 그 후 1929년에 졸업을 하게 된다. 그가 프린스턴신학교에서 수학할 때에 영어 설교를 잘하는 사람으로 인정을 받았으며 졸업 때에 외국인으로서는 최초로 설교상을 받았다[3]고 한다. 그 후 그는 교회사를 공부하기 위하여 예일대학 신학부 박사 과정에 진학하고자 했으며, 입학시험 신체검사에서 폐결핵 3기라는 진단을 받게 되

---

2) 김수진, 앞의 책, p. 28
3) 김수진, 앞의 책, p. 32

고 만다. 이는 고학생으로서 생활비와 학비 조달을 위하여 많은 아르바이트를 하는 등, 그의 몸을 혹사한 결과였던 것이다. 그 후 그는 투병 생활을 하면서 하나님께 기도하였다고 한다. 2, 3년만이라도 살아서 내 겨레를 위해 봉사할 수 있는 기회를 달라고 말이다. 그런데 그가 3, 4개월이 지나면서 건강이 호전되기 시작해 2년 후에는 완치되어 병원에서 퇴원을 할 수가 있었다고 한다. 그는 교수와 주변의 지인들로부터 예일대학에 진학해 박사 학위를 받으라는 권유를 들었으나 포기하고 귀국하였다고 한다.

1932년, 8년 만에 귀국한 그는 조만식 장로의 소개로 평양 숭인상업학교 교목 겸 성경 교사로 일을 하게 되었으며, 그 후 숭실대학의 교수직도 제안을 받았다. 그러나 민족학교인 오산학교 출신이며 미국 유학파라는 이유로 일본 경찰이 반대해 그 자리를 맡을 수가 없었다고 한다. 그리하여 그는 신의주 제2교회의 전도사로 부임하기에 이른다.

10. 신의주 제2교회 목회

그가 부임한 신의주 제2교회는 3백여 명의 성도들이 모이는 교회였다. 당시 교회가 건립되지 못한 상태였으나 그가 교회 건립을 주도해서 새로운 2층 교회를 건립하게 되었으며 성도의 숫자가 3천여 명에 이르는 대형 교회가 되고 있었다.

그는 1934년 봄 노회에서 목사 안수를 받았으며, 교회는 성장을 거듭하고 있었다.

1938년 9월 평양 서문밖교회에서 열린 제27회 조선야소교 장로회 총회가 강압적으로 신사참배를 결의하게 되었다. 한 목사는 신사참배에 참여하게 되었으며, 그리하여 평생 지을 수 없는 굴욕을 마음에 품고 살아야만 했다. 교회로 돌아온 그는 교회 차원의 동방요배 등에 적극적으로 참여하지 않으므로 일본 경찰의 간여로 교회에서 추방을 당하고 만다. 그 후 그는 '보린원'의 원장으로 3년여를 일하게 되었으며 8·15 해방을 맞게 되었다. 그러니까 고아들의 아버지로 보린원에서 일을 한 것이다.

한경직 목사가 신의주 제2교회에 시무하는 동안 성도들의 숫자가 크게 증가하였으며, 또한 교회는 유치원과 보린원을 세워서 고아와 노인들을 돌보았다고 한다.

그가 영락교회를 시무하면서 수많은 시설들을 건립함은 이미 신의주 제2교회에서 행하던 사업들을 이어 가고 있었음을 알 수가 있다.

11. 월남한 한경직 목사

1945년 8월 15일 일본으로부터 독립하자, 한 목사도 청년들과 함께 나라를 위하여 열심히 노력을 하고 있었다. 그러던 중 기독교사회민주당을 만들어서 미국에서 경험한 민주주의를 실천하고자 하였다. 그러나 이러한 그의 활동이 공산당에게는 눈엣가시였다. 그에 대한 체포령이 떨어지고, 그리하여 한 목사는 월남하게 된다.

그는 월남하여 미군 군정청의 일을 하면서 조선신학교(지금의 한신대학교)에서 강의도 하였다. 그는 당시 조선신학교 교장이었던 김재준 목사, 김천 황금동교회 시무였던 송창근 목사와 프린스턴신학교의 동문이었다. 그리하여 그들은 일본인들이 두고 간 천리교 건물을 인수하여 교회를 세우기로 한다. 한 목사는 평안도 사람들을 중심으로 베다니전도교회(지금의 영락교회)를 세우고,4) 김재준 목사는 조선신학교 학생 중심으로 장춘동에 야고보교회(지금의 경동교회)를 세우고, 송창근 목사는 함경도 사람들을 중심으로 바울교회(지금의 성남교회)를 세우게 된 것이다.

---

4) 김수진, 앞의 책, p. 59

제2장
한경직 목사의 목회

—

1. 영락교회를 창립하다

한경직 목사는 이미 신의주 제2교회를 부흥시켜서 당시 3천여 명의 교회로 발전시킨 목회자였다. 그러니까 목회에서 발군의 실력을 발휘했으며, 대형 교회의 목회를 하신 분이다.

1945년 11월 25일, 한 목사의 임시 거처인 방에서 백경보 장로와 그의 가족이 예배를 드리게 되었으며, 그 후 12월 2일 주일에 27명의 교인들과 같이 조선신학교 여자부 건물에서 예배를 드림으로써 영락교회가 출발을 하게 된 것이다. 그는 교회의 목회뿐만 아니라 복지사업에도 눈을 돌리고 있었다 그는 신의주 제2교회에서 고아들과 노인들을 위한 보린원을 세운 경험이 있었다. 그는 이제 피난민들을 위하여 보린원을 세우고 오갈 데 없는 사람들의 안식처로 만들어 주었다.

피난민들의 안식처가 된 보린원과 더불어 영락교회는 급속도로 발전을 거듭하게 되었다. 주일예배를 2부로 드리는 일이 일어나고 말았다. 이는 우리나라 교회 역사상 처음 있었던 일이라고 한다.

그러니까 성도들이 급격하게 증가해 그들을 수용하기 위하여 주일 예배를 2부로 나누어 드리게 된 것이다. 한 목사는 교회를 신축해야겠다고 의논하고 그 일을 진행하게 된다. 당시 피난민들로 구성된 성도들이기에 헌금할 형편이 되지 못했다. 그러한 상황 속에서도 한 목사는 미국 북장로교 선교부에 건축 보조금을 청원하여

2만 달러를 받게 되었다. 이러한 모든 노력으로 마침내 교회 기공 예배를 1949년 3월 24일에 드리게 되었으며, 1950년 5월 교회당 350.5평을 완공하기에 이르렀다. 이때의 영락교회 성도들 4천여 명이 모여서 예배를 드렸다고 한다.

그러나 1950년, 6·25 한국전쟁이 일어나고 말았다.

2. 6·25와 한경직 목사

공산당을 피하여 남한으로 온 한경직 목사는 다시 공산당을 피하여 안양으로, 대전으로 피난길에 오른다. 그가 대전에 이르러 대전제일교회에 시무하는 김만제 목사를 만나게 되고, 황금찬 목사와 함께 세 사람이 '기독교구국회'를 조직하기에 이른다. 한국전쟁이 계속되는 기간에 한 목사는 기독교구국회 활동을 계속했다. 이는 기도로 나라를 난국에서 구해 내자는 목적에서였다. 한 목사는 부산에 이르러 여러 차례 구국기도회를 개최하고 사람들에게 용기를 주었던 것이다. 뿐만 아니라 1951년 1월 7일, 영락교회 교인들이 모여서 부산에서 영

락교회를 계속 이어 가고 있었다. 이러한 소식이 대구에도 퍼져서 대구 YMCA 강당에 대구 영락교회가 생기게 된 것이다. 아울러 피난민들이 몰려온 제주시에도 영락교회가 세워지게 되었다는 것[5]이다.

그리하여 전국의 거의 모든 지역에 영락교회가 세워지게 되었다는 것이다. 1953년 10월 25일에 서울로 돌아온 한 목사는 감사예배를 드리게 되었는데, 교인들이 많이 몰려와서 2천여 명을 수용하는 본당에서 다 드리지 못하고 예배당 밖에서 예배를 드렸다고 한다. 이는 영락교회 교인들만이 아니라 전쟁으로 인해 고통받던 사람들이 하나님께 귀의하였기에 그리 많은 사람들이 모이게 된 것이다.

3. 한국 교회 최초로 TV 예배를 시작하다

빌리 그레이엄 목사의 전도집회를 계기로 한국 교회는 부흥의 장이 펼쳐지게 되었다. 빌리 그레이엄 목사 집회를 주최했던 영락교회에는 수많은 신자들이 몰려오기 시작한 것이다. 그리하여 본당에서 예배를 드리지 못하는 신자들을 위해 1961년 3월 19일부터는 교육관 하층의 강당에 TV 수상기를 설치하여 예배를 드리기 시작한 것이다. 교회가 크게 부흥한 것이다. 이는 한국 교회 역사상 첫 TV 예배다. 교회 부흥을 계기로 하여 한 목사는 전국의 약한 교회들을 지원하며, 수많은 선교 사업을 펼칠 수가 있었던 것이다. 그는 고아와 노인

---

5) 김수진, 앞의 책, p. 108

들을 위한 기관을 세우고 전쟁 미망인들을 위한 모자원을 설립하고, 피난 와서, 가난하여, 공부할 형편이 되지 못하는 청소년들을 위하여 교육사업을 일으키게 된 것이다.

그의 수많은 선교 사업에 활력을 불어넣은 것은 당연히 영락교회의 성장이라 할 수 있다. 교회의 성장으로 그의 선교적 열정이 전후 한국 사회의 재건을 위하여 큰 공헌을 하게 된 것이다.

한 사람의 목사의 꿈과 열정이 수많은 사람들을 살려 내는 사업들을 하게 된 것이다.

4. 영락교회의 3대 사명

한경직 목사는 교회 창립 10주년을 계기로 하여 영락교회의 3대 사명을 발표하였다. 이는 곧 그의 목회의 방향이며, 그의 목회의 중심이며, 시대를 진단하고 교회가 나라와 사회에 해야 할 사명의 길을 제시하는 혜안이라 할 수 있다.

1) 진리 수호의 사명

오늘처럼 교계가 사상적으로 질서적으로 혼란한 때는 별로 없었다. 각 방면으로 치우치는 경향, 사이비 이단, 분규 교란들이 도처에 편만하였다. 이때에 진리의 기치를 분명히 들고 갈 길을 잃은 무리를 진리와 사랑으로 인도할 사명이다.

2) 민족 교화, 복음 전파의 사명

하나님께서 복음의 문을 크게 열어 주셨다. 그런데 현재 한국 교회는 사소한 일에 분열되고, 분규가 일어나기 때문에 이런 좋은 기회를 놓칠까 두렵다. 한국은 기독교를 통한 중생 이외의 다른 소망은 없다. 복음 전파야말로 구령 사업이요, 사회 개량 운동이요, 애국과 건국 운동이다.

3) 사회봉사의 사명

곧 자선, 교육, 문화 사업에 더욱 적극 공헌해야 되겠다. 특히 10주년 사업으로 기도원과 성경 구락부, 즉 교회 직속 초등학교를 건축하는 일이다. 보린원, 경로원, 모자원도 완전히 재단으로 만들어야 하며, 학교 및 병원도 장차 기회 주시는 대로 설립하려고 한다.

5. 총회장에 피선되다

영락교회를 설립한 지 10년이 된 1955년 4월 22일 제40회 대한예수교장로회 총회에서 한 목사를 총회장으로 추대한 것이다. 이는 영락교회의 성장과 한국전쟁 중에 활동한 기독교구국회 활동 등에 대한 총회원들의 지지였음이라 생각을 해 본다.

그는 총회장이 된 후에 시급히 해결해야 할 문제가 이단의 활동을 차단하는 일이라 생각했다. 문선명의 통일교와 박태선 장로의 활동이었다.

이단 준동을 막기 위하여 한 목사는 대형 전도집회를 개최한다.

1955년 9월 밥 피얼스 박사를 초청하여 해방 10주년 기념 전도대회를 열었다. 그리고 이듬해인 1956년 2월 26일에는 빌리 그레이엄 목사가 영락교회 강단에서 설교했으며, 이어서 빌리 그레이엄 전도집회가 열려서 수많은 사람들을 결신하게 했다. 그레이엄 목사의 전도집회의 통역은 한 목사가 담당했다. 그는 이단의 준동을 차단하기 위해 대형 전도집회를 열어서 사람들을 그리스도께로 인도하는 일에 열심을 낸 것이다.

6. 전군 신자화 운동을 주도하다

우리나라 군대에 존재하는 군목 제도는 참으로 귀중한 것이다. 이승만 대통령의 특명으로 군목 제도가 있게 되었으며, 각 교단에서 파송한 군목들의 활동이 전개되고 있었다. 한 목사는 6·25 전쟁 중에 부상당한 장병들을 위하여 위로하고 기도해 달라는 김홍일 장군(오산학교 출신)의 요청에 따라 그와 같은 활동을 하고 있었다. 한 목사의 관심이 군인들에게, 그리고 군목들의 활동에 향하고 있었던 것이다.

한신 장군이 육군 제1군 사령관으로 취임하면서 1969년 5월 1일을 기해, '1인 1종교' 운동을 선포하게 되었다. 이러한 소식을 접한 한 목사는 전군 신자화 운동을 시작하게 된다.[6] 그리하여 1971년에 백낙

---

6) 김수진, 앞의 책, p. 122

준 박사, 김옥길 총장(이화여자대학교) 등과 같이 전군 신자화 후원회 발기위원회를 조직하였고, 1974년에는 회장을 맡기도 했다. 그는 부대를 돌아다니면서 세례를 베풀고 말씀을 전했다. 그리하여 1988년에 사단법인 군선교후원회를 설립하기에 이른다. 그의 군선교 활동을 통해, 우리나라 군대에 있는 젊은이들에게 말씀을 전하는 그 귀중한 일에 전국 교회가 관심을 갖게 되었음은 주지의 사실이다.

제3장
영락교회가 설립한 기관들

___

1. 병원 선교를 후원하다

김준영 전도사가 시립서대문병원(결핵 환자 중심)에 베데스다교회를 세우고 사역을 하였는데, 한 목사는 매월 그를 지원하고 베데스다교회에서 설교를 하기도 하였다.

"저는 미국 유학 시절, 결핵으로 사형선고를 받은 적이 있습니다. 그때 저는 내 나라를 위하여 일할 수 있도록 3년만 살려 달라고 기도했습니다. 그런데 지금도 살아서 여러분 앞에 서 있습니다."

'용기를 내십시오!' 자신이 미국에서 투병생활 했던 일들을 말하면서 용기를 주었던 것이다.

한 목사는 군대와 병원 같은 특수 선교와 아울러서 전국에 걸쳐 교회를 세우고 재정적으로 후원을 했던 것이다.

2. 복지사업을 펼치다

그는 한국전쟁 후 한국 사회 재건에 필요한 교육과 복지사업에 힘을 쏟았다. 이는 그가 신의주 제2교회 시절부터 피난 시절을 거쳐 그후에 이르기까지 일관되게 추구해 온 일이다. 한 목사는 신의주 제2교회 시절, 다리 하나가 없는 복순이라는 가엾은 소녀를 돌보기 위하여 보린원을 세웠다. 그 후 1948년 서울 후암동에 보린원을 세우고 고아와 노인들을 위한 복지시설로서 증축을 거듭하면서 현재까지 운영되고 있다.

1) 재단법인 영락원을 설립하다

1952년, 노인들을 위한 양로원을 돈암동에 세웠다.

그 양로원이 발전하고 증축, 확장되어서 지금은 본관, 기숙사, 요양원, 복지회관, 복지상담소 등을 아우르는 규모의 시설이 되었다.

2) 선명회(지금의 월드비전)를 조직하다

한 목사는 밥 피얼스 박사와 함께 선명회를 만들어서 북한에서 넘어온 피난민, 고아, 전쟁미망인들을 돌보는 기관으로 운영했다. 그는 이러한 상황을 미국 기독교인들에게 알리고 후원을 받아서 그들을 돌보았다. 그 선명회가 오늘날 세계적인 기구 월드비전World Vision이 되어 발전을 거듭하고 있다.

3) 다비다모자원을 설립하다

한 목사는 1951년 전쟁 미망인들을 돕고자 부산 대신동에 다비다 모자원을 설립했다. 그의 노력으로 피얼스 박사와 미군의 도움을 받아 운영하다가 1953년, 서울에 모자원을 옮겨 왔다. 1958년 영락모자원이 되었으며, 지금은 불의의 사고를 당해 남편과 사별하고 생활 기반이 없는 미망인들이 이곳에 머물고 있다.

3. 교육사업을 펼치다

동기

생계를 위협받던 실향민들에게는 자녀 교육은 꿈같은 일이었다. 한 목사는 이 문제를 해결하기 위해 월남한 몇 명의 지도자들과 같이 의논하고 1947년 봄, 기성회를 조직하였다. 재정적인 문제를 해결하기 위해서 하나님께 기도하며 미국 북장로교 선교부에 호소하고, 국내에서도 후원금을 받아서 1947년 6월에 대광중·고등학교를 세울 수가 있었다. 아울러서 북한에서 폐교된 학교들을 재건하기 위하여 출신학교 동창들과 같이 노력하여 재개교하기에 이른다.

① 1947년 대광중·고등학교를 세우다.

② 1959년 영락중학교, 영락상업고등학교를 세우다.

③ 1946년 공산당에 의하여 폐교된 보성여자중학교를 1950년 영락교회 부속 건물에서 다시 개교, 1959년에 보성여자고등학교 설립 인가를 받다.

④ 숭실대학을 재건하고 초대 학장이 되다. 1897년 미국 북장로교 선교
　부가 평양에 설립한 숭실학당은 발전해 1912년 숭실대학이 되었고,
　1938년 폐교되었다. 한 목사와 동문들이 함께 노력해 1953년 재단 이
　사회가 조직되어서 다시 개교하기에 이른다. 한 목사는 초대 학장에
　취임, 대학 재건에 매진하였다.

⑤ 영락여자신학교를 설립하다.

⑥ 서울여자대학교, 장로회신학대학, 아세아연합신학대학의 이사장을 역
　임하다.

　이상에서 알 수 있는 바와 같이 실로 그는 실향민들을 위한 교육
에 온 힘을 기울였으며, 뿐만 아니라 북한에서 폐교된 학교들을 재건
하기 위해서 큰 노력을 기울였다. 이처럼 하나님의 사랑으로 사람들
을 사랑하는 한경직 목사의 교육에 대한 사랑을 알 수가 있다.

제4장
은퇴 후의 사명

---

1. 영락교회 원로목사가 되다

1973년 1월 2일 한경직 목사는 원로목사로 추대되었다.
그는 은퇴 후에도 세계 각국에서 초청을 받아 복음을 전했다.

1) 1984년을 맞아 한국기독교100주년기념사업협의회 총재로 추대
   되다.
2) 한국에 최초로 선교사가 상륙한 인천 제물포항에 한국 기독교
   100주년 기념탑을 건립하다.
3) 선교사 490여 기基가 있는 양화진 묘역을 성역화하고 외국인들
   이 예배드릴 수 있는 한국기독교선교센터(지금의 유니온 교회)를
   건립하다.
4) 용인에 순교자 기념관을 건립하고 한국 기독교 순교자의 역사를
   한눈에 볼 수 있도록 하다.
5) 실로암안과병원을 설립하다.

2. 한경직 목사를 알 수 있는 연설들

한경직 목사가 영락교회 원로목사로 추대받던 날 백낙준 박사는 그를 "세계 교회의 목사"로, 홍현설 박사는 "인간 영혼을 사랑하는 위대한 설교자"로 치하했다.

이에 대하여 한 목사는 다음과 같이 말했다.

> "건강이 좋지 않아 오래 살 줄 몰랐는데 하나님의 은혜로 지금까지 왔습니다. 은퇴하는 저에게 분에 넘치는 말씀을 해 주셨는데, 영락교회 목사로서 책임을 다하지 못하여 하나님께 부끄러울 따름입니다. 영락교회가 복 받은 것은 당 회원들의 충성, 권사들의 노고, 남녀 집사와 권찰들의 수고, 교회학교 교사들과 성가대원들의 헌신적인 노력 때문입니다. 이 모든 사람들이 교회를 사랑하였습니다. 지금 저는 여러분 앞에서 사과해야 할 일들이 있습니다. 교인들이 어려움을 당할 때 그들의 어려움에 동참하지 못하였고, 그분들을 제대로 만나지 못한 때가 많았습니다."[7] (한경직 목사 성역 50년)

한경직 목사는 템플턴상 수상 열설문에서 다음과 같이 말하고 있다.

> "피난민들에게 제일 먼저 필요한 것은 거처할 곳을 마련하는 일이었습니다. 그래서 우리는 한 위원회를 조직하여 이들이 거처할 장소를 찾는 데 도움을 주기로 하였습니다. 우리는 어려운 시기에 서로 돕고 생존할 수 있는 길을 모색하기 위하여 여러 가지 기구를 만들었습니다. 우리는 소년, 소녀

---

7) 김수진, 앞의 책, p. 132

들을 위하여 새 학교를 필요로 하였습니다. 선교와 교육과 복지사업이 이 시련의 과도기에는 너무도 필요한 일들이었습니다. 남한 사람들을 영적으로, 정신적으로, 경제적으로, 사회적으로, 그리고 모든 방면에서 도와주신 것은 전폭적으로 하나님의 은혜였습니다."[8](템플턴상 수상 연설문)

필자는 경주 YMCA에서 활동하던 때에 한경직 목사를 만난 적이 있다. 그분은 한마디로 겸손하신 분이셨다. 위의 두 연설문에서 그의 목회의 방향과 뜻을 나타내고 있음을 잘 알 수가 있다.

---

8) 김수진, 앞의 책, p. 130

세계 제1의 교회로
성장, 발전시키다

조용기 목사

제1장
조용기가 태어나다

---

1. 조용기의 비전

조용기 목사는 한국이 낳은 위대한 목회자다. 그는 세계에서 가장 큰 교회의 목사다. 여의도순복음교회는 3만여 명이 한꺼번에 예배를 드릴 수가 있는 예배당을 갖추고 있다. 1982년도에 여의도순복음교회의 성도의 숫자가 23만[9] 성도라 한다. 그러니 2021년 오늘에는 얼마나 많은 성도들이 모여들고 있겠는가! 상상만 해도 대단한 교회임에 틀림이 없다.

목회자로서의 그의 큰 성공은 무엇보다도 하나님의 섭리일 것이다.

1) 소년 조용기의 비전

조용기는 고등학교 2학년 때 철봉 운동을 하다가 폐를 다쳐서 폐병 환자가 되었다. 당시의 의료 현실에서는 그를 치료할 방법을 찾기가

---

9) 여운학, 『주여 뜻대로 이루소서』, 규장문화사(1989), p. 5

어려울 정도로 심각한 상태였다. 그는 병원에서 1년여 치료하다가, 고향에서 6개월 정도 요양을 할 때에 친형제, 사촌 형제들 앞에서 아주 엉뚱한 말을 했다고 한다. "내가 스물여덟 살이 되면 세계 일주를 할 끼다.", "또 서른 살이 될 때면 노벨 문학상을 받을 끼다. 그래서 그때가 되면 내 이름이 세계적으로 유명해질 끼다."라고 했다는 것[10]이다. 죽음의 문턱에 있는 폐병 환자가 그리 말을 했다는 것이다. 이는 그의 꿈이 대단했다는 것을 의미한다. 꿈을 가진 소년 조용기는 그 꿈을 이루기 위하여 날마다 콘사이스를 들고 영어 단어를 외우고 있었던 것이다. 그는 부산공고 1학년 말 때에 학교 운동장에 주둔하고 있던 미군부대장과 학교장 사이에서 통역을 할 정도로 영어 실력이 뛰어났다. 그는 영어 사전을 몽땅 외우려고 노력한 학생이다. 그가 초등학교 3학년 때에 우리나라가 해방이 되었는데 3년여 동안 배운 일본어도 잘하는 편이었다. 여하튼 그는 언어에 특별한 능력이 있었던 사람인 것 같다. 무엇보다도 그는 열심히 공부하는 학생이었고, 영어 실력이 대단했던 것이다. 그가 신학교에 입학을 하면서도 영어 실력을 인정받아서 신학교장인 존스톤 선교사의 통역이 되어서 학비를 조달하고 가정교사로 일해 생활비를 조달했다고 한다. 그는 신학교 때에 평생의 목회 동역자인 최자실 목사를 동기로 만나게 되었다. 그는 영어로 된 책을 한 아름 안고 다녔다고 한다. 그가 세계적인 목사가 되고 세계인들 앞에서 영어로, 일본어로 설교를 능통하게 하는 이유를 학생 시절에서 찾아 알 수가 있다. 그가 학생회장이던 때에 학생들에게 노방전도를 할 것을 제의해서 실시하였던 것이다.

---

10) 여운학, 앞의 책, p. 42

2) 소년 조용기가 주님을 뵈옵다

조용기는 폐병 3기의 환자의 몸이었지만 켄 타이즈 선교사를 만남으로 인하여 그의 일생이 확 달라지게 된 것이다. 그는 선교사의 통역사로서 열심히 전도에 참여하고 있었다. 그러나 그의 마음에는 회의가 일어났다. "예수를 믿으세요. 그러면 가족이 구원을 받고 병도 치료 받습니다." 하고 통역을 하지만 자신의 몸도 병들어 있음이다. 그리하여 그는 하나님께 기도하기를, "주님 오늘 밤에 제게 나타나 주이소. 아니면 저는 이제 통역사의 일을 그만두겠습니다. 그리고 저는 의사가 되어서 병든 사람들을 돕겠습니다." 하고 결단의 기도를 했다고 한다.

그런데 그 밤에 비몽사몽간에 주님께서 나타나신 것이다.
"용기야."
"네."
"내가 네 병을 고쳐 줄 터이니 평생 나의 종이 되겠느냐."
"네, 물론 그렇게 하겠심더."
그러고는 온몸이 불덩이처럼 열이 나더니 입술이 떨리며 방언을 하기 시작을 했다.
용기의 이러한 신비한 체험은 그의 일생을 확 바꾸어 놓은 것이다.
이제 단순한 통역을 하는 것이 아니라 확신에 차서 사람들에게 전도하게 된 것이다.
"예수를 믿으시이소. 구원받고 병도 고침받습니다. 저는 폐병 3기의 사형선고를 받은 사람입니다. 그러나 그날 밤 주님이 내 병을 고쳐 주셨습니다."[11]

그는 선교사와 함께 확신에 찬 모습으로 전도를 했던 것이다.

3) 목회의 비전

조용기 목사는 한 가지를 마음에 다짐을 하고 살아간다고 한다.

조용기 자신이 흥하든지 망하든지 성하든지 쇠하든지 살든지 죽든지 주님의 뜻을 따르겠다는 것이다.[12] 이는 자신의 생애를 전적으로 주님께 맡긴다는 뜻일 것이다. 조 목사의 목회의 비전은 뒤의 '조용기 목사의 세계선교의 비전'이라는 부분에서 길게 쓰고자 한다.

2. 조용기의 가족사

조용기 목사는 1936년 2월 14일 경남 울주군 삼남면 교동리 31번지에서 조두천 씨와 김복선 여사 사이에서 구 남매의 장자로 출생했다.

그는 그 가족 중에서 첫 번째로 예수 그리스도를 믿은 사람이다. 그러므로 선조의 기도의 도움을 받지 못한 목사이며, 당대에 하나님의 작품으로 큰 목사가 된 사람이다. 그의 조부 조성도 씨는 자수성가로 천석꾼의 지주가 된 사람이며, 그는 새벽 4시면 일어나서 열심히 하루 일과를 시작했다고 한다. 그의 조부의 부지런함 등의 좋은 성품을 조 목사가 닮았다고 한다. 그의 부친 조두천 씨도 수십만 평

---

11) 여운학, 앞의 책, p. 49~50
12) 여운학, 앞의 책, p. 3

의 황무지를 개간하여 과수원 농사를 한 분이다. 조 목사는 폐병으로 인해 병석에서 고통을 당할 때 누나의 동래여고 친구인 김정애의 전도를 받았고, 그녀의 안내로 성경통신학교를 통해 공부했다. 조용기는 선교사 켄 타이즈를 만나서 믿음의 생활을 시작하고 신학생이 된 경우다. 의사를 시키고자 했던 부친은 용기가 예수쟁이가 된 것이 싫었지만 그래도 죽어 가던 아이가 건강하게 되어서 살고 있으니 됐다고 했다. 그리고 용기의 동생 조용묵도 목사가 된 것이다.

제2장
조용기 목사의 목회

---

1. 여의도순복음교회의 탄생까지

1) 불광동의 천막교회

조용기 전도사는 1958년 5월 18일에 서대문구 대조동 공동묘지 옆 깻밭 1백 평에 천막을 치고 교회를 개척한다. 그 교회가 첫 예배를 드릴 때 성도는 5명이었다고 한다. 조용기 전도사, 최자실 전도사, 그리고 최자실 전도사 세 자녀였다. 그렇게 시작된 교회는 7년 된 중풍병자가 치료되고, 무당이 회개하고 예수 그리스도를 믿게 되는 일이 일어났다. 그리고 한 소아과 의사가 부인을 데려와서는 귀신을 쫓아내 달라는 것이다. 조 전도사와 최 전도사가 그 부인의 머리에 손을 얹고 기도할 때, 그 부인의 입에서 "안 나간다, 안 나가!" 하고 발버둥을 치다가 귀신이 쫓겨 나가는 일도 있었던 것이다.

그러한 목회를 시작한 지 1년 4개월이 되는 1959년 9월에 천막교회가 성도들로 다 채워지는 역사가 일어났다. 그리고 3년 째가 될 때는 성도들이 3백여 명이 되었으며 교회 대지도 6백 평을 구입하게 되었다. 실로 비약적인 부흥이 일어난 것이다. 조용기 전도사는 군대에 갔다가 7개월 만에 의병제대를 하였다고 한다. 부흥 일로에 있던 교회의 지도자가 군대에 가게 되었으니, 그리고 7개월 동안이나 군에서 복무를 하고 있었으니 그 교회의 형편이 어떠했을까 짐작이 된다. 그가 의병제대를 하고 난 후 교회로 돌아 왔을 때 성도들의 환영이 대단했다. 그는 곧장 샘 토드 목사를 초청하여 한 달 동안의 부흥회를 천막교회에서 진행한 것이다. 거기에는 병자들이 2백여 명이 와 있었다고 한다. 이러한 목회로 인하여 불광동의 교회는 재적교인 5백여 명에 출석교인이 3백 명이 되는 교회로 부흥을 한 것이다.

그러나 그는 새로운 교회를 개척하고자 계획을 하고 있었다. 불광동의 교회를 새로운 목사에게 맡기고 서대문에서 교회를 개척하기에 이른 것이다. 이러한 그의 결단은 대단하다 할 수 있다. 자신이 피땀 흘려 개척한 교회를 후임자에게 물려준다는 것은 쉬운 결단이 아닌 것이다.

2) 서대문 교회 개척

1961년 10월 10일, 서대문에서 순복음중앙교회를 개척한다.

그는 그때까지도 전도사였다. 그는 이듬해인 1962년 4월 26일에 목사 안수를 받은 것이다. 이미 그를 통하여 수많은 기적을 본 성도들이 몰려와서 1962년 5월에 교인의 재적수는 5백 명에 이르렀고, 65년에는 3천 명의 성도가 믿음의 생활을 하는 교회로 발전을 한 것이다.

1968년에는 8천여 명의 성도가 된 것[13]이다.

조용기 목사는 이러한 추세로 간다면 멀지 않아서 1만 명의 성도가 될 것을 예감하고, 지금의 교회로서는 감당할 수가 없다고 해 교회를 이전할 것을 당회가 결의하게 한 것이다.

교회를 신축할 대지를 물색했으나 마땅한 장소가 없었다. 그러던 중에 장로 한 분이 여의도의 땅을 소개했다고 한다. 당시의 여의도는 비행장으로 사용하던 모래섬이었다. 장차 개발할 계획이 있었고 윤중제가 완성된 상태였으며, 아직도 다리가 완성되지 않았던 것이다. 그렇기에 주위 사람들은 여의도로 교회를 이전하는 것을 극구 반대하기에 이른다.

조 목사는 내일에 대한 꿈과 목표를 가지고 있었으며, 특히 목회는 성령께서 하신다는 생각에 결정을 내렸다고 한다. 그리하여 여의도순복음교회가 신축되게 된 것이다.

3) 여의도순복음중앙교회를 신축하다

수많은 우여곡절을 거쳐서 여의도순복음교회가 세워지고 마침내 1973년 8월 19일 주일에 첫 예배를 드리게 되었던 것이다. 그리고 9월 18일부터 23일까지는 '제10차 세계오순절대회'가 여의도 성전과 효창운동장에서 외국 성도 5천 명을 포함하여 5만 성도가 모인 가운데 개최되었던 것이다. 그리고 24일 주일에는 여의도 성전 헌당 예배를 드렸던 것이다. 이때의 성도의 숫자는 1만 2천5백여 명에 이른 것

---

13) 여운학, 앞의 책, p. 73

이다.

실로 괄목할 정도로 부흥의 역사가 일어난 것이다. 1961년 10월에 서대문에서 개척한 교회가 1973년 9월에 1만 2천5백여 명의 성도로 부흥이 된 것이다. 12년여 만에 이렇게 큰 발전을 이룩한 것이다.

이는 조 목사의 믿음대로 "목회는 성령께서 하신다는 생각"[14]이라는 말에서 그 해답을 얻을 수 있다. 사람의 힘으로는 불가능한 일이다. 어찌 이러한 부흥의 큰 역사가 사람 조용기 목사의 힘으로 이룩했다고 말할 수가 있는 것인가? 그것은 아니다. 오직 성령께서 일하시는 부흥의 역사인 것이다.

여의도순복음중앙교회의 눈부신 부흥의 역사는 이제 시작된 것이다.

2. 조용기 목사의 교회 부흥의 이유

조용기 목사는 여의도순복음중앙교회의 시대적 사명과 목표에 대하여 다음과 같이 말을 했다.

"우리 교회의 설립된 근본적인 목적은 세계선교에 있다."[15]라는 것이다. 이러한 목적을 이루기 위하여 먼저 교회의 성장을 이루는 데 온 힘을 기울였다.

주지하는 바와 같이 여의도순복음중앙교회의 성장은 대단하다.

---

14)   여운학, 앞의 책, p. 74
15)   여운학, 앞의 책, p. 79

① 1958년 5월 18일, 5명의 성도와 함께 불광동의 천막 교회를 시작하다.

② 1979년 11월 4일, '10만 성도 돌파 기념 예배'를 드리다.

③ 1981년 12월 20일, '20만 성도 돌파 기념 예배'를 드리다.

④ 1982년 7월 말, '23만 765명의 성도'를 돌파하다.

이러한 괄목할 교회성장의 요인을 조용기 목사는 아래와 같이 설명하고 있다.

첫째, "열심히 기도하는 교회이기 때문"이라는 것이다.

금식하며 기도하고, 철야하며 기도하는 교회에 이루지 못할 것이 없다는 것이다. "할 수 있거든이 무슨 말이냐 믿는 자에게는 능치 못할 일이 없느니라"(막 9:23) 하는 말씀으로 대답하고 있다.

둘째, "말씀 증거에 그 이유가 있다."라는 것이다.

예수 그리스도의 정신에 입각해서 "상처 입은 곳을 싸매 주며, 병든 자를 고쳐 주며, 소망을 불어넣어 주는" 말씀 증거라고 한다.

필자가 알기로도 조용기 목사의 3중 축복은 유명하다. 그는 요한삼서 1장 2절의 말씀 "사랑하는 자여 네 영혼이 잘됨 같이 네가 범사에 잘되고 강건하기를 내가 간구하노라"를 통하여 세 가지의 복을 강조했다.

① 영혼이 잘되며

② 범사가 잘되고

③ 강건한

이러한 조용기 목사의 말씀 증거는 세계인이 알게 되고 은혜를 받게 됨이다.

셋째, "뛰어난 조직력과 행정력의 뒷받침"이라고 한다.

순복음중앙교회는 1만5천여의 구역으로 조직되어 있는데, 조장이나 구역장들이 앞장을 서서 일하고 있다고 한다. 특히 복음 증거는 목회자만이 아니라 전 성도들이 직접 나가서 전도하고, 기도하며, 복음을 전하는 참여 의식을 갖게 함으로써 교회성장의 역할을 하게 했다는 것이다.

넷째, "목회자의 지도력과 힘찬 지도 이념, 뚜렷한 비전 때문"이라고 답한다. 교회성장의 주요 요인의 하나는 목회자에게 달려 있다는 것[16]이다.

다섯째, 조 목사는 위의 네 가지 이유를 교회성장의 이유라 말하고 있다. 필자가 한 가지 더 첨가하고 싶은 것이 있다.

그것은 조 목사 자신이 주님을 만나 뵈옵는 사건이다. "용기야." 하고 부르신 주님을 만나 뵈옵는 그 사건이야말로 조 목사가 확신을 가지고 복음을 전한 원동력이라 할 수 있다. 조 목사 자신도 과거에 혹독한 폐결핵으로 거의 죽어 가다가 하나님의 은혜로, 성령 충만의 체험을 통해 다시 살아난 그 체험을 설교 때에 강조했던 것이다. 즉, 그는 자신이 다시 살아난 그 체험이 하나님과의 밀접한 관계가 되었고, 주님의 음성을 들은 그 사건으로 확신에 찬 설교를 할 수 있었던 것이다. 사도 바울이 다메섹 도상에서 주님의 음성을 들었다. "사울아 사울아" 부르시는 주님을 바울이 만나 뵈었던 것(행 9:4-5)이다. 그리하여 바울은 자신의 모

---

16)   여운학, 앞의 책, p. 78

든 것을 바쳐 복음전도에 앞장을 선 것이다. 조용기 목사도 주님을 만나 뵈었던 그 사건 때문에 오늘의 조용기 목사가 된 것임에 틀림이 없으며, 교회성장의 힘의 원천이라 할 수가 있다.

3. 조용기 목사의 세계선교의 비전

1) 대교회주의와 소교회주의

조 목사는 대교회주의를 지향한다고 했다. 그는 사도행전의 초대교회를 말하고 있다. 성령님이 세운 초대교회는 하루에 3천 명(행 2:41), 5천 명(행 4:4)이 전도되는, 거대한 무리들이 모여드는 대교회를 이루었다는 것이다. 그러니까 조 목사가 지향하는 교회는 대교회주의다. 그는 "모든 교회가 다 대교회가 되었으면 좋겠다."[17]라고 말한다.

그는 자신에게는 교회를 세우는 걸 돕도록 하는 사명을 주셨다고 했다. 그래서 순복음중앙교회와 국제교회성장기구(CGI)를 통하여 전 세계 교역자들을 돕고, 모든 교회가 성장하도록 돕는 선교사역에 전력을 하고 있다는 것이다.

실제로 강동, 수원, 안양 등지에는 이미 교회를 세우고 교역자들을 파송한 것이다. 필자가 주일예배에 참석해 본 인천순복음교회와 노원순복음교회, 부천의 중동순복음교회 등은 대교회들이다. 소교회를 경험한 필자에게는 너무나 큰 예배당의 규모와 그리고 성도들이다. 필자가 목격한 인천순복음교회(최성규 목사)의 광경은 대단했다. 주일

---

17)   여운학, 앞의 책, p. 79

예배를 마치고 나오는 성도들이 교회당 4면에서 그야말로 물밀듯이 빠져나가고 있었다.

조용기 목사가 주도한 순복음교회의 부흥의 물결은 대단하다. 정확한 통계는 모르겠으나 우리나라의 대형 교회의 비율은 순복음교회가 상당한 부분을 차지하고 있을 것이라고 생각을 해 본다.

조 목사는 한국의 교회만이 아니라 외국 목사들에게도 하나같이 놀라운 교회성장을 이루도록 하고 있다는 것이다. 조 목사가 해외선교 활동을 시작한 것이 1964년 9월이다. 그는 직접 세계에 나가서 선교 활동을 할 뿐만 아니라 외국과 국내의 목회자들을 순복음중앙교회로 초청하여 세미나를 개최하고 있다. 1977년 미국 교역자 210명, 태국 교역자 119명 등 577명을 초청하였으며, 그리고 1982년까지 매년 1천 명을 세미나에 참석하도록 초청했다는 것이다. 주목할 일은 세미나에 참석한 목회자들이 배운 그대로를 실천하여 교회성장을 이루고 있다는 것이다. 이는 조 목사 자신의 말대로 그에게 "하나님께서 교회성장을 돕도록 하는 사명을 주셨다."라는 것이 실현되고 있음이라 하겠다.

조 목사는 대교회주의와 소교회주의의 장단점도 말하고 있다. 소교회는 목자가 양을 알고 양이 목자를 아는(요 10:14) 장점이 있다. 반면 대교회는 양은 목자를 알지만 목자는 양을 다 모르는 약점이 있다.

반면 대교회는 소교회가 할 수 없는 일들을 할 수가 있는 장점이 있다는 것이다. 여하튼 그는 대교회주의를 지향하고 있음이다.

2) 세계선교를 위하여 기관들을 설립하다

조 목사는 세계선교를 위하여 수많은 기관들을 설립하기에 이른다. 1976년 3월에 순복음 미주지구 연합회를 결성한다. 그리고 4월에는 순복음 유럽지구 연합회를, 그리고 8월에는 일본지구 연합회를 결성했다. 그리고 1976년 9월에 미국의 로스앨젤레스에 순복음신학교를 설립하고, 1977년 7월 서독 베를린에 순복음신학교를 설립하고, 1978년 2월에는 뉴욕시에, 4월에는 일본 고베에, 1980년 4월에는 시카고에 순복음신학교를 설립하여 교역자 양성에 힘을 기울였다고 한다.[18]

그리고 조 목사는 TV 방송과 라디오 방송을 통해서도 선교 활동을 활발히 전개한 것이다. 외국의 방송에서도 마찬가지다. 로스엔젤레스 TV와 뉴욕 CBS 방송, 일본의 깅끼방송 등이다.

4. 여의도순복음교회와 조용기 목사가 이룩한 일들

조 목사와 여의도순복음교회가 이룩한 일들을 보면 저들이 얼마나 주님의 복음전도에 힘썼는가를 알 수가 있다.

① 여의도순복음교회를 부흥시키다. 3만 명이 들어갈 수 있는 본당이 있으며 13층의 세계선교센터가 있다. 그 외에도 교육관 등이 있다. 세계에서 가장 큰 규모의 교회당이며, 성도의 숫자가 1982년도에 23만 명이며 오늘날에는 70만여 명이라 한다.

---

18) 여운학, 앞의 책, p. 76

② 오산리 순복음 금식기도원(원장; 최자실목사)을 세우다.

③ 지교회(강동, 수원, 안양 등지에)를 세우다.

④ 수많은 선교사들을 파송하다.

⑤ 1백 권의 설교집과 설교 테이프, TV와 라디오 방송 설교를 하다.

⑥ 찬송가 308장과 614장을 작사하고, 그의 부인인 김성혜 한세대학교

　총장은 작곡을 하다.

⑦ 미국과 일본, 그리고 독일에 순복음 신학교를 세우다.

⑧ 국민일보를 창간하다.

⑨ 한세대학교를 설립하다.

위의 일들을 보면 그와 여의도순복음교회가 이룩한 일들은 대단하
다. 필자의 정보가 부족하여 기록하지 못한 일들도 많을 것이다. 필
자는 한 사람의 목사가 이룩한 그 업적에 대하여 그저 고개를 숙일
뿐이다. 하나님께서 사용하시면 이리도 큰일들을 할 수가 있다는 것
을 생각하면서 하나님께 감사할 뿐이다.

5. 세계가 인정한 조용기 목사

1) 1968년 10월 조용기 목사는 그의 나이 32세 때에 명예 신학박사
학위를 미국 베다니신학교에서 받았다.

이는 여의도순복음교회에 입당하기 전이다. 즉, 그가 이룩한 서대
문 순복음중앙교회의 업적으로 베다니신학교에서는 명예신학박사 학

위를 수여한 것이다. 또한 1978년 9월 미국 켈리포니아신학대학원에서 명예 문학박사 학위를 받았다.

2) 1981년 1월 미국 제40대 대통령 레이건의 취임 축하연에서 설교를 했다.[19] 이는 대단한 일이다. 대한민국의 목사가 이룬 대단한 성과이며 이는 세계가 조용기 목사를 인정한다는 증거다.

조 목사가 레이건 대통령의 취임 축하연에서 설교를 했다는 것은 과연 얼마나 대단한 일일까를 생각해 본다. 무엇보다도 성경에 손을 얹고 취임식을 진행하는 미국의 대통령 취임식이다. 세계 제1의 강대국이며, 하나님의 뜻을 따르려는 미국이다. 그러므로 그 취임식 축하연은 자신이 하나님의 사랑을 많이 받기를 소망하는 자리일 것이다. 시편 99장 6절의 "그 제사장 중에는 모세와 아론이요 그 이름을 부르는 자 중에는 사무엘이라 저희가 여호와께 간구하매 응답하셨도다"라는 말씀에 의지하면 레이건 대통령은 하나님의 가장 사랑받는 종의 말씀과 기도를 듣기 원했을 것이다. 그 종이 바로 모세와 아론과 사무엘 같은 조용기 목사인 것이라고 해석을 해 본다. 그러므로 조 목사는 당시 세계에서 톱에 있는 하나님의 종으로 인정을 받음이라 할 수가 있다. 대한민국의 목사가 세계에서 주목받는 행사에서 설교를 한 것이다. 참으로 대단한 일임에 틀림이 없다.

3) 1981년 1월 26일, 미국 제38차 종교방송인대회(NRB)에서 설교했다.

---

19) 여운학, 앞의 책, p. 76

4) 한국의 김준곤 목사 등이 「영전靈戰의 고독한 용사」라는 제목으로 조 목사에 대한 글을 썼으며, 미국의 로버트 슐러 목사 등이 「특별하게 쓰시는 하나님의 귀한 종」이라는 제목으로 조 목사에 대한 글을 쓰고 있다.

6. 조용기 목사의 설교 스타일

수많은 성도들이 조 목사의 설교의 말씀을 듣고 은혜를 받으며, 새롭게 믿음의 생활을 시작하고 있음을 우리는 안다. 그분의 설교 스타일을 한두 가지의 말로 표현할 수는 없을 것이다. 그러나 분명한 특징은 설교의 내용에 성경의 말씀을 수없이 인용한다는 사실이다. 필자가 사랑의교회(옥한흠 목사)에서 전하는 설교를 들은 바에 의하면, 그는 수없이 성경의 말씀을 인용하고 있었다. 아마 설교 한편에 말씀 20~30구절을 인용하고 있었다.

이는 무엇을 의미하는 것인가?

그분은 성경의 말씀을 수없이 암기하고 계시다는 것이다.

그렇기에 설교를 하시면서 적재적소에 성경의 말씀을 인용하시는 것이다. 그렇기에 그분의 설교가 힘이 있음이다. 이 세상에서 그 어떠한 미사여구보다도 성경의 말씀은 힘이 있는 것이다. 성경은 진리의 말씀이요, 용기를 주는 말씀이요, 사랑을 느끼게 하시는 말씀이요, 믿음의 말씀이요, 소망을 주시는 말씀이요, 위로의 말씀이요, 확신을 주시는 말씀이요, 치유의 말씀이요, 축복의 말씀이다. 그는 하나님의 말씀을 자유자재로 설교에 인용할 수 있기에 듣는 사람들의 마음을 감동시키는 것이다.

조 목사를 통하여 우리가 알 수 있는 것은 성경의 말씀을 많이 외워야 한다는 것이다. 그리고 그 말씀들을 자유로이 설교에 인용할 수가 있어야 한다는 것이다. 귀하께서도 힘이 넘치는 설교를 하실 수가 있음을 확신하시기를 바란다.

7. 조용기 목사의 치유사역

조용기 목사의 치유사역은 세계인이 인정하는 사역이다. 어쩌면 조 목사의 목회의 핵심 사역은 치유사역이라 할 수 있다.

그런데 정작 자신은 여러 가지 병으로 고통당하면서 살았다고 고백하고 있다. 그가 사랑의교회에서 설교하는 내용을 들어 보면, 자신은 심장병과 저혈당으로 고난을 당하였다는 것이다. 자신은 병주머니라 할 정도로 여러 가지 병이 있었다는 것이다.

그가 유럽으로 선교여행을 가던 때에 몸이 좌석에 앉아 있는 것을 견디지를 못해서 비행기 통로에 누워 버리고 말았다는 것이다. 그때에는 3등석을 이용했을 때였는데 스튜어디스로부터 "아저씨, 여기에 누우면 안 돼요." 하는 말을 들었을 정도였다고 한다.

그가 병자들을 위하여 기도할 때에 병자들이 치료받았다는 것을 성령님께서 알려 주셨다고 한다. 즉 폐병이 나았다, 암이 나았다, 절름발이가 나았다, 당뇨병이 나았다, 앉은뱅이가 나았다는 등 수많은 병이 치료를 받았다는 것이다. 자신이 상상할 수 없는 기적이 일어났다는 것이다. 그러할 때마다 조 목사는 자신도 치료해 달라고 하나님께 요청했다는 것이다. "저도요, 저도 치료해 주세요." 했지만 하나님께서는 대답이 없었다는 것이다. 그래서 부흥집회를 마치고 호텔에 돌아와서는 "하나님 저는 왜 내버려 둡니까." 하고 기도를 했다고도 했다. 그러한 때에도 하나님은 대답이 없었다고 한다. 그가 말하기를 여의도순복음교회가 70만여 명의 성도로 성장하였음에도 불구하고 자신은 기뻐하지를 못했다고 한다.

그 이유는 자신은 강단에서 넘어지지 않으려고 힘을 쓰고 있었기 때문이라는 것이다. 즉, 자신은 신체적으로 너무나 약해서 강단에서 넘어져서 죽을 것 같기에 죽지 않으려고, 강단에서 넘어지지 않으려고 애를 쓰느라고 성도들이 얼마나 모였는지에 관심을 기울일 수조차 없었다는 것이다.

이는 마치 사도 바울이 자신의 병이 치료받기를 주님께 세 차례 기도하였지만 주님은 바울의 병을 치료해 주지 않았다는 말씀을 생각나게 한다.

> "내 은혜가 네게 족하도다 이는 내 능력이 약한 데서 온전하여짐이라 하
>
> 신지라(고후 12:9)"

조용기 목사에게도 많은 병이 있고, 약한 중에서도, 그와 함께하셔서 수많은 병자들을 치료해 주시는 것을 알 수가 있다.

8. 조용기 목사의 영어 설교와 일본어 설교

그는 고등학교 때에 이미 영어 사전을 통째로 외우려고 무진 애를 썼으며, 고등학교 교장과 미군 부대장과의 통역까지 한 학생이다. 그 후에 너는 해외 선교를 해야 하니 영어 훈련을 하라는 성령님의 지시를 받아서 중·고교 영어 교과서를 통째로 외웠다고 한다. 그는 말하기를 교과서를 1백 번 정도 읽으니까 외워졌다는 것이다. 그 후에 영어 설교를 할 수 있었다고 한다. 그가 영어 설교를 할 수 있었기에 세계적인 부흥 집회를 인도할 수가 있었다는 것이다. 일본어 설교도 하시는 분이다. 그는 초등학교 3학년 때 8·15 해방이 되었다고 한다. 그러니까 3년여 동안 배운 일본어를 훈련하여 일본어 설교를 할 수가 있는 사람이 된 것이다. 필자는 조 목사의 영어 설교, 일본어 설교를 생각하면 부끄럽기 그지없다. 목사가 되고자 하는 젊은이들은 영어 설교를 할 수 있을 정도의 실력을 갖추어야 하지 않을까 생각해 본다.

한국의 요한 웨슬리

김선도 목사

제1장
한국의 요한 웨슬리가 태어나다

━━

김선도 목사 역시 하나님의 기적의 손길을 전하고 있는 목회자다. 그의 저서의 제목이 『5분의 기적』이다. 실로 그는 광림교회를 전 세계 감리교회에서 가장 성도의 숫자가 많은 교회로 부흥·발전시킨 목회자시다. 6·25 한국전쟁에서 수많은 위험을 넘어서 그리고 인민군의 의사에서 국군의 의사가 되는 5분의 기적을 체험한 분이시다. 실로 그의 삶에서 순간순간 기적을 베풀어 주신 아버지 하나님을 그는 힘주어 증거하고 있는 것이다. 그의 오늘은 바로 우리 하나님의 작품이시다. 필자가 이 책을 쓰게 된 데는 김선도 목사의 몫 또한 있다.

1. 출생

3대째 믿음의 가정에서 태어난 김선도는 1930년 12월 2일 평안북도 선천에서 아버지 김상혁 씨와 어머니 이숙녀 씨 사이에 4남 3녀 중 장남으로 태어났다. 할아버지 김탁하 장로는 장로교의 강도사 역할을 하는 분이었다.

그의 아버지도 목사였고, 어머니 이숙녀 전도사는 신앙심이 깊어 자녀들을 믿음으로 기르는 데 온 힘을 기울였다. 새벽기도와 하나님 제일주의, 십일조와 예배를 목숨처럼 지키시는 분이셨다. 그러한 어머니의 신앙 지도를 받은 김선도는 중학교 1학년부터 새벽기도를 시작했다고 한다. 일화 중에는 십일조를 철저히 지키는 어머니가 6·25 한국전쟁 때에 북한에서 피난 와서 군산에 살았었는데 김홍도가 좌판으로 판매한 수입 중에서도 십일조를 떼어서 따로 모아 두었다고 한다.

2. 가족

김선도 목사의 사 형제는 모두가 다 목사가 되었으며 맏사위도 목사다.

김선도 목사는 광림교회 담임목사이시며 김홍도 목사는 금란교회 담임목사이시고, 김국도 목사는 임마누엘교회 담임목사이시다. 그리고 김건도 목사는 미국 LA 사우스베이연합감리교회의 담임목사이시다.

3. 학력

해주의학전문학교 졸업

감리교신학대학 졸업

미국 웨슬리신학대학원 졸업, 종교교육학 석사

미국 풀러신학대학원 졸업, 목회학 박사

미국 세즈버리신학대학원 명예 신학 박사

짐바브웨 아프리카대학교 명예 문학 박사

호서대학교 명예 신학 박사

감리교신학대학교 제1호 명예 신학 박사

서울신학대학교 명예 문학 박사

4. 주요 경력 및 수상

서울 전농감리교회 담임목사(1957~1962)

공군기술교육단 군목(1962~1967)

공군사관학교 군종실장(1970~1971)

광림교회 담임목사(1971~2001)

학교법인 감리교학원 이사장(1994~1996)

연세대학교 이사(1994~2000)

기독교대한감리회 감독회장(1994~1996)

기독교TV 공동대표이사

세계감리교협의회(WMC) 회장

광림교회 원로목사(2001~)

한국기독교총연합회 명예회장(2006~)

미국 웨슬리신학대학원 종 웨슬리상 수상(1990)

감리교신학대학교 동문회 동문상(1991)

대한적십자 인도장 금상 수상(1993)

대한민국 국민훈장 목련장 수상(1996)

한국 교회사학연구원 한국 10대 설교가 선정(1997)

제1회 목원크리스천대상 수상(2011)

5. 주요 저서

『5분의 기적』, 『현대인을 위한 희망의 대화』 등 다수

6. "살려 주세요, 주의 종이 되겠습니다" 하고 하나님께 서원기도를 하다

김선도는 6·25 한국전쟁 중 평양 비행장에서 유엔군 낙하산 부대가 내려오던 날, 북한군 연락병과 같이 남으로 도망치다가, 생사의 기로에서 소나무를 끌어안고 기도했다고 한다. "하나님, 살려 주십시오. 저를 살려 주시면 하나님께서 쓰시는 도구가 되겠습니다."[20] 그는 새벽까지 그리 하나님께 매달려 기도했다고 한다. 그는 감리교신학대학에 입학

---

20) 김선도, 『5분의 기적』, 넥서스CROSS(2013), p. 43

하던 날, 4년 전의 서원하던 때의 순간이 떠올랐다. "살려 주세요, 살려 주시면 주의 종이 되겠습니다." 하고 수백 번을 기도했다고 한다.

총알이 빗발치고 함께 군생활 하던 전우들이 자신의 앞에서 총에 맞아 쓰러지고 피를 흘리며 죽어 가는데도 그는 기적같이 살아남았 다는 것이다. 한번은 최전방에서 중공군과 맞닥뜨려서 포위되었을 때 1개 소대만 남고 다 전멸하던 날, 자신은 살아남았다는 것이다. 또 한번은 자신이 담장 밑으로 뛰어가는데 "집중 사격!"이라는 소리 와 함께 자신을 향하여 따발총 세례가 퍼부어졌다. 수백 발의 총알이 자신 앞을 스치고 지나가는데도 한발도 맞지 않았다는 것이다. 그는 그때 죽음의 밑바닥에 떨어지는 절망감을 느끼면서도 자신을 절대적 으로 보호하고 계시는 하나님의 섭리를 발견했다고 한다. 그때의 체 험은 그의 인생을 뒤집어 놓은 사건이 되었는데, 이제부터는 자신의 모든 것을 절대 섭리와 절대 주권이신 하나님께 맡기겠다고 다짐했다 는 것[21]이다. 그는 그러한 생명의 위험을 수없이 겪으면서도 하나님 께서 자신을 지켜 주셨기에 살아남을 수가 있었다는 것이다.

7. 동양의 예루살렘 선천에서 자라나다

그는 고향인 평안북도 선천을 자랑스럽게 생각하고 있었다. 당시 동양의 예루살렘이라 할 정도로 기독교의 활동이 활발하였으며, 1897년에 선천의 북교회가 시작되어 1천5백여 명이 모이는 대형 교회

---

21) 김선도, 앞의 책, p. 83~84

가 되었으며, 1910년에 개척한 남교회가 1천2백여 명이 모이는 교회가 되었다는 것이다. 당시의 선천의 인구가 5천여 명이었으니 인구의 54%가 기독교인이었다. 1928년 6월 13일 자『동아일보』기사에는 다음과 같은 기사가 있다.

"선천 지역의 기독교계의 성장은 세계에서도 유례를 찾아볼 수 없을 정도다. 그리하여 내외국인 간에 '기독교의 왕국'이란 칭호를 듣기 때문에 각국의 종교계가 조선에 들르게 되면 선천의 기독교회를 시찰하지 않은 이가 없다."

김 목사가 살던 1930~40년대에는 인구가 3만여 명이었는데 동서남북에 하나씩 교회가 있었다. 선천이 배출한 인물들도 많았다고 한다. 연세대학교 총장 백낙준 박사, 서울대 총장인 장리욱, 경북대 초대 총장인 고병간, 장기려 박사, 차병원을 설립한 차경섭, 『사상계』를 주도한 장준하, 신학자 박형룡 박사, 신학자 박윤선 박사, 영등포교회의 방지일 목사 같은 분들이다.

김선도 목사는 선천은 자신에게 적극적이고 긍정적인 기질을 심어주었다[22]고 말한다.

필자가 주목하는 것은 김선도 목사의 목회에서 적극적이고 긍정적인 기질이 나타난다는 점이며, 이미 그는 선천에서 대형 교회의 분위기가 몸에 밴 채로 믿음의 삶을 살아왔다는 사실이다. 이러한 믿음의 배경이 그로 하여금 세계적인 제1의 광림교회를 꿈꾸고 성장, 발전시키게 해 왔음이라 생각하게 되는 것이다.

---

22) 김선도, 앞의 책, p. 25~28

제2장
광림 교회 목회—교회성장학의 대부

━━

　김선도 목사는 1971년 11월 광림교회 담임목사로 부임한다.

　그는 이미 전농 감리교회에서의 목회를 경험한 바가 있었으며, 그리고 군종목사로서의 뜨거운 열정을 쏟아서 청년목회를 성공한 바가 있다. 그가 이제 광림교회의 목회를 시작하게 되었을 때는 목사로서의 목회의 방향은 뚜렷했고, 신학 면에서는 전도신학과 현장목회에 충분한 경험을 쌓은 교회성장학의 대가가 되었을 때였다. 그는 미국 유학 기간 동안 임상목회에 대한 새로운 신학도 알고 있었다. 그는 영국의 교환목회 기간에 "하나님, 웨슬리 같은 뜨거운 성령을 주시옵소서. 한국의 웨슬리가 되게 해 주시옵소서."[23] 하고 기도한 목사였다. 그가 광림교회에 부임했을 시 교회의 규모는 대지 3백 평의 5백 명이 들어갈 좌석에 150명 정도의 교인이 출석하고 있었다. 교인들의 상태는 무기력해 보였으며, 그들에게는 어떤 꿈이나 비전이 보이지 않았고 단지 교회를 유지하겠다는 정도의 타성만 남아 있었다고 한다.

━━━━
23)　김선도, 앞의 책, p. 220

그가 가장 먼저 선결해야 할 문제는 교인들의 패배 의식과 현실 안주 의식이었다. 그리하여 그는 설교의 주제를 '비전'으로 정하고 교회 성장에 대해 전하기 시작했다. "여러분, 우리 광림교회는 세계에서 제일 큰 감리교회가 될 수 있습니다. 세계에서 제일 큰 오순절교회가 한국에 있습니다. 영락교회는 세계에서 가장 큰 장로교회 중 하나입니다. 우리 교회도 될 수 있습니다. 가장 큰 감리교회가 될 수 있습니다."[24]

그리하여 그가 내건 교회 표어는 '일하는 교회, 뜨거운 친교'였다. 그리고 침체된 교회의 부흥을 위해서는 믿음을 바탕으로 한 희생적인 봉사와 영적 각성 운동이 절실히 요구되었다. 이러한 요구를 만족시킬 수 있는 가장 확실한 대안은 전도와 기도였다. 그는 매주 수요일 저녁을 '전도의 밤'으로 정하고 30분 동안 강의하고 두 명씩 짝을 지어 전도를 내보냈다. 첫날 전도에서 66명이 교회에 등록을 하는 결실을 맺었다.

이제 교인들은 용기백배하게 되었다. 이러한 전도의 열정으로 교회는 부흥하게 되었고, 150명이 3백 명이 되고 이어서 5백 명이 되었다. 그리고 1천 명 운동을 펼쳐서 마침내 1975년 12월 21일 총동원주일에 1,003명이 출석하는 교회가 되었다.

그리고 교회 주차장 등의 문제로 더 이상의 발전에는 장애가 있었기에 김 목사는 교회를 신사동으로 옮기게 된다. 그와 관련된 일화도 많다. 무엇보다도, 배밭이었던 곳을 매입하여 오늘날의 광림교회로 발전시켜 온 것이다.

---

24) 김선도, 앞의 책, p. 209

신사동 교회는 대지 1천2백 평에 건물 2천4백 평, 4천3백 명 좌석의 교회로 1979년 12월 16일 입당 예배를 드리게 되었다. 교회는 얼마 가지 않아 4천여 석이 다 차게 되었다. 실로 비약적인 발전인 것이다. 그것만이 아니다. 세계 제1의 감리교회가 되기 위해서 그는 풀러신학대학에서 교회성장 등을 공부해 박사 학위를 받았으며, 교회를 폭발적으로 성장시킨 계기는 교회당 건물에 민방위교육을 실시하면서다. 그해 민방위교육을 들은 8백 명의 젊은이가 등록했으며 그해 태신자가 1천6백 명이 되는 기적이 일어났다.[25]

1. 한국 교회성장에 공헌하다

그는 풀러신학대학에서 피터 와그너 교수를 만났다. 와그너의 이론에 '교회진단법'이 있었는데, 그 이론이 김 목사의 마음에 와닿았다. 그가 실제로 경험한 바이기에 더욱더 현실감이 있었다. '교회는 생명체이기 때문에 교회 안에 질병이 있으면 성장에 방해가 된다'는 이론이다. 그가 성장하지 못하는 스물네 가지의 질병을 말했다. 그는 아울러 로버트 슐러 목사가 담임하는 수정교회에도 초청되어 설교하는 등 세계적인 교회성장학의 대가들과 교류를 하였다. 그리하여 그는 한국에서 트리니티와 교회성장 세미나를 개최하였는데, 장로교와 성결교 목사 8백 명이 오는 큰 붐이 일어났다. 1984년부터 트리니티 성서 연구와 교회성장 세미나를 병행하여 시작했는데, 1천 명씩 등록

---

25) 김선도, 앞의 책, p. 257

하는 일이 일어났다.[26]

그는 광림교회가 성장해 세계적인 감리교회가 되는 데뿐만 아니라 한국 교회의 성장에도 기여하는 목회자가 된 것이다.

2. 광림교회가 세운 기관들

1) 춘천 사랑의집(양로원)
무료 양로원을 설립하여

첫째, 가장 먼저 머물 곳이 없었던 원로목사들을 모셔 와서 섬겼다.

둘째, 사할린 동포 150명의 보금자리가 되게 했다. 이러한 활동은 한국의 신문과 일본의 후지TV가 방영하였으며, CNN에서도 보도하여 국제적인 뉴스가 되었다.

셋째, 그 후에는 양로원이 치매 요양원의 활동을 하게 되었다.

2) 광림수도원
경기도 광주에 7만여 평의 부지 위에 메시지가 있는 건물들을 건립해 수도원으로서의 역할을 감당하고 있다. 필자도 여러 차례 방문한 적이 있는 그곳은 다시 찾아가고 싶은 수도원이다.

3) 세미나 하우스
광릉 수목원 옆의 8천 평의 부지 위에 세미나 하우스를 건립하였다.

---

26) 김선도, 앞의 책, p. 240~243

1995년 전 세계 감독 150명을 초청하여 세계감독회의를 열었다. 그 회의를 통하여 한국감리교회의 위상을 세계에 전하게 되었다고 한다.

4) 비전랜드

남양주 구암산 중턱에 22만 평의 부지 위에 운동장, 농구장, 족구장, 축구장과 2개의 수영장이 들어섰으며, 등산 코스와 눈썰매장이 있다. 6백 명이 예배드릴 수 있는 예배당과 1천 명 이상 수용이 가능한 콘도식 숙박 시설과 다양한 강의실이 있다.

3. 세계로 뻗어 나간 광림교회의 선교

김 목사는 교회를 부흥·발전시키고 이제 눈을 세계로 향하게 되었다. 그의 첫 세계선교는 뉴질랜드에서였다. 그곳으로 이민을 간 광림교회의 성도들이 모여 교회를 세워 줄 것을 요청해 왔으며, 교회는 그 요청에 응하여 뉴질랜드에 교회를 세우게 되었다.

다음으로 모스크바에 교회를 세우는 일이었다. 1990년 소련연방이 무너져 가고 있었을 때에, 그리고 한국의 기업도 아무런 활동을 하지 않았던 때에 김 목사는 모스크바에 교회를 세우고 활동을 하게 했다.

이어서 터키의 안디옥에 교회를 세웠으며, 그리고 에스토니아에 교회를 세우고 신학교를 겸하게 하였다. 다음으로 아프리카 짐바브웨에 대학교의 교회를 세우게 되었다. 그 후에도 필리핀 마닐라, 일본의 오사카, 도쿄, 중국 심천에 교회를 세웠으며, 몽골 울란바토르, 파키스탄, 캐나다 벤쿠버, 호주 켄바라와 시드니, 그리고 브라질에도 교회를 세웠다. 뿐만 아니라 독일 프랑크푸르트에도, 루마니아에도 교회를 세웠다.[27] 광림교회가 세계 여러 곳에 교회를 세울 때에 본교회가 주도하였으며, 하나의 교회로서의 역할을 충분히 할 수 있는 규모의 교회를 세웠다는 것이다.

---

27) 김선도, 앞의 책, p. 357

제3장
김선도 목사가
하나님의 큰 종으로 길러진 과정

―

1. 의학도에서 신학도로

김선도 목사는 '신앙인으로서 내가 무엇을 해야 하는가?' 고민했다. 자신이 하고 싶은 것과, 신앙인으로서 자신이 해야할 것 사이에서 마침내 그는 의사의 길을 가고자 선택했다.[28] 예수님처럼 병든 사람을 고치고 소외된 사람들을 돌봐 주는 의사가 되는 것이 보람된 일이라 생각하고 신의주의학전문학교에 입학하게 되었다고 한다. 그는 의학을 공부하면서 당시 공산주의자들의 준동과 교회와 신앙을 핍박하고 부정하며 인간 생명과 자유를 물질적인 이념과 사상으로 억압하는 체제, 공산주의 국가를 보면서, '이건 하나님의 나라가 아니다.'라고 생각했다. '성경에서 보여 주는 하나님의 나라가 아니야. 오히려 주님의 나라를 무너뜨리는 사탄의 나라야.' 그는 공산주의자들에 의해 교회의 십자가가 뽑아내지고, 강대상이 치워지고, 도시가 온통 붉은 글씨

---

28) 김선도, 앞의 책, p. 31

의 공산주의 선전 문구들로 도배되는 것을 보고는 눈물로 괴로워했다. 그의 마음은 3년여의 세월 동안 공산주의 체제를 겪으면서 신앙의 자유를 찾아 월남해야겠다는 마음으로 가득 찼다. 그리하여 월남하기가 편리한 해주의학전문학교로 전학을 했다. 해주에서도 마찬가지였다. 당시 장로의 딸이 입원했는데, 김선도 목사가 그녀를 위해 기도한 것이 병원 직원에게 발각되어 반동분자로 몰리면서 강하게 비판을 받아야만 했다. 그는 다시 한번 월남하는 것이 답이라는 마음을 가지게 된다. 그는 우여곡절을 겪으면서 국군의 군의관이 되어서 군복무를 하다가 의정부에서 유엔(UN)군 경찰병원 소속의 군의관으로 생활하게 되었고, 그곳의 감리교회에서 신앙생활을 하게 되었으며, 최요한 목사와 많은 신앙의 논쟁을 하면서 신학에의 꿈을 키워 왔다고 한다.

2. 5분의 기적

김선도는 6·25 한국전쟁이 일어났을 때 해주의학전문학교 학생이었다. 그의 마음에는 월남하여 신앙의 자유를 찾는 것이 목적이었다. 그러나 그는 북한군에 잡혀서 군의관이 되고 말았다. 그는 온 힘을 기울여 환자들을 돌보았다. 그러던 어느날 연대장이 말하기를 맥아더가 인천에 상륙을 했다는 것[29]이다. 김선도는 북한군이 패망하면 월남할 기회가 올 것이라 기대하면서 부대를 따라 평양까지 갔다가, 부

---

29) 김선도, 앞의 책, p. 39

대가 패망함으로써 기회가 왔다고 생각하고, 연락병과 같이 사복으로 갈아입고 남한 군대를 향하여 나아갔다는 것이다.

그는 "주님, 제 운명을 주님께 맡기고 발걸음을 뗍니다." 하고는 가고 있었다. 어느새 그가 국군 앞에 와 있었다. 한 장교가 그에게 다가와서는, "메고 있는 것이 뭐요?" 하고 물었다. 김선도 목사는 "아, 이거요?" 하면서 가방을 열어 보여 주었다. 거기에는 청진기와 밴드, 주사기 같은 간단한 의료기가 있었다.

"탈영한 북한 군의관이군!"

그 순간 그는 어떠한 일이 일어날지 모르는 상태였다. 긴장감이 극도로 높아지는 그 순간,

"당신이 필요하오."

"예?"

"보아하니 북한 군의관이었던 것 같은데 이쪽에도 다친 군인이 많이 있으니 도와주시오."

김선도는 그 자리에서 국군 1사단 11연대에 입대하게 되었다. 불과 5분 만에 이루어진 일이었다.[30] 어떻게 이런 일이 일어나지? 의아해하는 그에게, 장교는 국군 군복으로 갈아입으라고 했다. 그는 이제 국군의 군의관이 된 것이다. 그는 5분 동안에 일어나는 기적을 체험하고는 그 기적을 이루어 내는 힘의 원천은 기도라고, 하나님께서 자신의 기도를 들어주셨기 때문이라고 생각했으며 이 체험이 자신의 일생을 긍정하는 체험이 되었다고 한다. 어떠한 상황에서도 절망하지 않을 수 있는 이유가 되었다고 한다.

---

30) 김선도, 앞의 책, p. 46

살아 계신 하나님, 자신과 동행하시는 하나님, 자신의 기도를 들으시고 응답하시는 하나님을 확신하게 된 것이다.

3. 요한 웨슬리 신학 사상으로 갈등을 해결하다

김선도는 감리교신학대학에 입학하여 주의 종이 되는 길을 가고 있었다. 당시 감리교신학대학의 학문적 분위기는 '열려 있는 학문'이었다. 시대에 대한 열림, 서구 사상에 대한 열림, 민족과 한국 역사에 대한 열림, 그 열린 문으로 다양한 학문을 받아들이면서 요한 웨슬리 신학 전통을 세워 나가는 학풍이었다.[31] 그에게 있어 신학의 과정은 '수용의 과정'이었다고 한다. 즉, 비판 다음에 수용이 아니라 수용 다음에 온전한 이해에 도달하는 길임을 발견하였다는 것이다. 그가 가장 먼저 수용한 신학은 요한 웨슬리의 신학 사상이다. 웨슬리의 신학이 상아탑에서 고안된 사변적인 신학이 아니라 전도의 현장에서 건져 올린 싱싱한 실천신학이라는 점이 좋았다고 한다. 웨슬리가 따뜻한 가슴을 가지고 형무소를 찾아가 복음을 전하고, 광부들에게 전도하고, 수만 킬로미터를 말을 타고 다니면서 수만 번 설교하고 전도하는 현장에서 이루어진 '전도신학'이라는 점이 가장 인상 깊게 그에게 다가왔다[32]고 한다.

그 웨슬리의 전도 열정이 개인을 바꾸고 사회를 바꾸는 열매로 맺

---

31) 김선도, 앞의 책, p. 85
32) 김선도, 앞의 책, p. 86

어졌다. 프랑스의 경우가 유혈혁명이었던 데 반해, 영국은 무혈혁명을 이루어 낸 쾌거가 김선도의 가슴을 들뜨게 했다고 한다.

김선도는 장로교의 가르침을 받으면서 자라났다. 그는 자신의 속에 장로교에서 배운 '자기 부정'의 신학과 웨슬리를 통해 배운 '자기 긍정'의 두 지평이 융합되었다고 한다. 즉, 그는 웨슬리의 신학 사상을 통하여 내면에서 갈등하던 문제를 해결하게 된 것이다. 하나님의 절대 주권을 인정하면서도 자신이 세상에서 경험한 생에 대한 의지들과 적극적인 몸부림들이 동시에 인정되는 자리가 바로 요한 웨슬리의 신학이라는 것[33]이다. 그는 이 깨달음이 경이로움이며 충격이었다고 고백하고 있다.

필자는 김선도가 웨슬리 신학 사상을 통하여 깨달음을 얻기까지 수많은 갈등을 겪었으며, 마침내 자신 안에 신학을 뚜렷하게 정립하게 되었다는 것이다. 신학대학의 학생이 이러한 깨달음을 얻고 자기 신학을 정립하는 게 흔한 일은 아닐 것이다. 분명히 남다른 열심으로, 그리고 장로교의 가르침과 감리교의 가르침을 통하여 확고한 자신의 신학을 정립하게 된 것이다.

4. 전도상을 수상하다

김선도는 "웨슬리처럼 되자!"라는 구호를 외치는 기도 모임에 참여하게 되었다. 웨슬리의 홀리클럽을 지향하는 모임에 참여하여 기도하

---

33) 김선도, 앞의 책, p. 87

고 말씀을 나누는 일에 열심이었다. 웨슬리의 신학 사상인 '선재적先在的 은총'은 이론에서가 아니라 현장에서 얻은 것이다. 전도의 현장, 복음을 전하는 실천 현장, 전도 현장에서 얻은 것이다. 이성적으로 터득한 지식을 삶에 적용하는 것보다 삶의 현장에서 실천하다가 만난 지식이 더 보편타당할 수 있다는 것이다. 그는 웨슬리처럼 전도의 현장 속으로 들어가야 했다. 그는 당시 감리교신학대학 전도대에 들어갔다. 전도대는 방학이나, 주말이 되면 장항선 일대, 동해안과 서해안 지역 또는 전국의 큰 장터를 다니면서 전도하고 개척교회를 도왔다. 주로 나팔과 북, 아코디언 등 확성기를 이용한 노방전도였다. 열차 안에서 그는 아코니언을 켜고 동료들은 찬송을 부르면서 "예수 믿으시오. 하나님은 여러분을 사랑하십니다. 예수 믿고 구원받으시오!" 하고 외치면서 전도했다는 것이다.

그가 전도대에 참여했던 동안의 가장 잊을 수 없는 전도는 제주도로 전도여행을 갔던 때라고 한다. 그의 일행은 부산에서 군함을 타고 제주도로 가다가 심한 풍랑을 만났다고 한다. 생전 처음 접해 보는 바다의 풍랑에 그들은 겁을 먹고 말았다고 한다.

'주님과 함께 게네사렛 호수를 건너던 주님의 제자들 가운데 내가 있었다면, 나는 주님만 바라보면서 두려워하지 않았을 것이다.' 하고 여겨 왔던 그의 '자기 확신'이 무참히도 깨지고 말았다. 머리로만 알던 풍랑을 실제로 체험하니 그 실상은 어마어마했다는 것이다. 거의 반죽음 상태가 된 그들은 살려 달라고 기도했다. "하나님, 살려 주십시오." 그러한 때 김선도는 궁금함이 생겼다. 함장도 이러한 풍랑을 경험해 보았을까? 그는 함장에게로 올라갔다. 그의 눈에 보이는 함장은 의연 그 자체였다고 한다. 당당한 함장을 보고는 죽음에 대한 두려움이 사라지고 말았다고 한다. 함장은 풍랑에도 꿈쩍하지 않고 부하들을 지휘하고 있었던 것이다.

그는 '아, 영혼의 선장도 이런 분이겠구나!' 하고 생각했다. '소망의 근거'는 눈앞에 펼쳐지는 현실이 중요한 것이 아니라, 자신의 인생의 함장이 주님이라는 사실인 것[34]이다!

그때 그는 많은 생각을 했다. 요한 웨슬리가 미국 전도를 실패하고 3년 만에 영국으로 돌아올 때 만났던 풍랑, 사도 바울이 로마로 압송될 때 만났던 유라굴로 풍랑! 제자들이 오병이어를 체험하고 바다를 건너다 만난 풍랑!

김선도 일행은 살려 주신 하나님께 대한 감사와 더욱더 분명해진 사명감으로 뜨거운 전도의 열정을 펼쳤다고 한다. 그 열매로 서귀포에 교회를 세우게 되었다고 한다. 김선도는 고백하기를 신학생 시절에 '학문과 경건성의 통일', '신학과 실천의 통일'이라는 자신의 고민을 풀어 준 열쇠는 전도 현장이었다고 한다.

그는 대학 졸업식 때 가장 영예로운 상인 전도상을 받았다.[35]

그가 세계에서 가장 성도가 많은 감리교회를 이룩할 수 있었던 그 싹이 신학생 시절부터 싹트고 있었음을 알 수 있다.

---

34) 김선도, 앞의 책, p. 98
35) 김선도, 앞의 책, p. 99

5. 아내를 "상서로운 벗"이라 표현하다

김선도 목사는 자신의 일생에서 가장 탁월했던 선택은 박관순이라
는 사람을 자신의 아내로 맞이한 일이라고 말한다.[36] 그가 아내를
"상서로운 벗"이라 표현할 만한 이유가 있었다는 것을 여러 곳에서 표
현하고 있다. 그녀는 서울대학교 간호학과를 졸업하고 서울대학교병
원 간호사로 일하다가, 관인중학교 교사가 되기 위해서 관인에 있는
삼촌의 집에 머무르고 있던 처녀였다. 김선도 목사의 부모가 철원의
관인교회에서 목회를 하고 계셨는데, 어느 날 새벽기도회에 하루도
빠지지 않고 출석하는 박관순을 유심히 관찰하다가 아들에게 소개
를 한 것이다. 그녀는 고등학교 때 성결교회를 다니면서 불같은 성령
체험을 한 믿음의 소유자였다.[37] 그녀는 결혼 후부터 고생이 시작되
었다고 한다. 15평 정도의 전농감리교회의 목사관에는 이미 두 남동
생이 함께 기거하고 있었다. 한 달의 생활비는 쌀 서너 말인데 네 명
이 함께 생활해야 하니까 아내는 새벽기도회를 마치고는 시장에 나가
서 버린 시래기를 주워다 김치 겉절이를 만들어 먹곤 했다고 한다.
그러한 고생을 하면서도 아내는 김선도에게 이리 말을 했다는 것이
다. "그거야 제가 다 성령을 체험한 사람이기 때문이에요. 예수님을
사랑하는 마음으로 사는 길이 이 길 아니고 뭐겠어요?"

김선도 목사가 군목으로 시무하던 시절, 그의 아내는 세 자녀를 기
르는 어머니로서 자녀들을 굶기다시피 하면서도 영천감리교회 건물

---

36) 김선도, 앞의 책, p. 110
37) 김선도, 앞의 책, p. 108

을 신축하는 데 온 힘을 쏟았다는 것이다.

그는 군목으로 시무하면서도 부대 가까이에 있는 영천감리교회를 섬겼는데, 그 교회는 교인이 6명이며 교회당 8평 정도의 교회였다. 김 목사는 자신의 급료를 다 내어서 교회당 건물을 신축했는데 40여 평의 교회당 건물이었다. 그때 수개월의 급료를 다 써 버리니 밀가루 수제비로 연명을 했다고 한다. 그 건물을 신축할 때도 사모가 아이를 등에 업고 교회 건축에 매진했다. 또한 교회 신축 일로 김 목사가 영양실조, 급성간염, 흑달이 덮쳤을 때에도 남편을 위해 "하나님, 남편을 살려주세요." 하면서 15리 길을 걸어서 개고기를 구입해 와 남편을 돌보았다고 한다. 뿐만 아니라 김 목사가 미국 유학을 가는 길에 비행기표를 구입할 돈이 없어서 좌절할 때에도, 아내는 용기를 주었다. 함께 밤에 공동묘지에 가 기도하면서, 아내는 "하나님을 더 의지하라는 사인이에요. 미 공군이 유학을 보내 주는 것도 아니고 디울프 박사가 유학을 보내 주는 게 아니잖아요. 하나님께서 보내 주시는 거예요. 그러니 길이 있을 것입니다."[38] 하고 용기를 주었다는 것이다. 그리하여 김 목사는 미국 유학의 꿈을 이루었다. 그 아내는 2013년 6월 18일에 서울신학대학에서 실천신학 분야 명예박사 학위를 수여받았으며, 그 아내를 영원한 러닝메이트로 인정하며, 평생의 동반자로 자랑스럽게 생각하니, 아내를 상서로운 친구로 표현할 만한 이유가 있음을 알게 된다.

---

38) 김선도, 앞의 책, p. 164

6. 전농감리교회에서의 목회

　김선도 목사가 목회를 시작한 시기는 1950년 말이었다. 그때의 우리나라의 상황은 상실감으로 가득 차 있었다. 고향의 상실, 가족의 상실, 생명의 상실, 경제의 상실 등 수없는 상실의 흔적들이 사람들의 가슴과 표정에 뚜렷이 남아 있었던 것이다. 전농감리교회의 성도들의 삶도 마찬가지였다.

　그는 목회를 시작하면서 '산기도'를 시작했다고 한다. 철원의 대한수도원, 삼각산기도원, 용문산기도원 등을 찾아다니면서 이 시대를 관통하는 하나님의 섭리와 경륜이 무엇인지를 물었다고 한다. 당시 김 목사가 느낀 성도들의 '존재의 열망'은 '생존'이었다. 비가 들이닥치는 천막에서 배를 곯아 가며 오염과 질병의 재를 뒤집어쓸지라도 '생존'하고 싶다는 열망, 살아 보고 싶다는 존재의 열망은 강력했다.[39] 그러한 성도들을 보면서 그는 산기도에 더욱더 매달렸다. 산기도를 통하여 자신 안에 있는 부정적인 불순물을 토해 내듯이 부르짖어 기도했다고 한다. 신기한 일은 부르짖으면 부르짖을수록 가슴이 시원해졌다는 것이다. 뭔가 막힌 것이 뻥 뚫리는 것 같았으며, '영의 유출'을 처음으로 느꼈다고 한다. 그의 영성의 근간은 기도원에서 부르짖으면서 생긴 것이라 한다. 그가 신학교를 졸업하고 목회에 전념하게 되자 성도들의 숫자가 조금씩 늘어났다. 나중에 두드러진 것은 젊은 계층이었다. 그는 젊은이에게 관심을 가지면서 삶에 대한 비전과 태도를 설교했다.

---

39)　김선도, 앞의 책, p. 113~116

"여러분, 묵시가 없는 백성은 망합니다. 우리는 단순히 이 땅에 먹고살기 위하여 존재하고 있는 것이 아닙니다. 하나님이 여러분에게 꿈을 주십니다. 하나님이 주시는 비전을 가지십시오."

청년의 삶에서 가장 중요한 문제는 방향이었다. 그의 가슴속에는 청년 목회와 교육 목회에 대한 비전이 자라나고 있었다고 한다. 그리하여 그는 청년목회에 대한 열망으로 공군 군목으로 입대하게 된다. 5년여의 전농감리교회 목회를 뒤로 하고 공군의 군목이 되었던 것이다.

7. 군목 활동을 시작하다

1962년 4월 1일 입대하여 대전의 공군기술교육단 군목이 되었다.

그의 군목 활동을 '군진 목회'라는 말로 요약한다. 그는 젊은 청년들을 지도하는 일에 가슴 벅차 하며 행복한 고민을 하였다고 한다. 그리하여 그는 "감동", "창의성"이라는 말을 그들에게 실천하려 했다. 그의 군목 활동에 감동을 주는 창의성이 나타나는 활동을 하고 있었다.

첫째, 그는 청년들에게 감동을 줄 수 있는 길이란 무엇보다도 땀 흘리며 같이 뛰는 것이라 생각하고 신병들과 같이 뛰었다. 완전무장을 하고 야간 구보, 산악 훈련까지 빠지지 않고 쫓아다녔다. 장교 후보생과의 구보 훈련에도 동참하였다. 이러한 감동을 주는 일에 열심을 냄으로써 청년들의 마음을 열어가는 것이다.

둘째, 그는 영창에도 들어갔다. 오직 감동을 주기 위하여 이가 득실거리는 영창에서 같이 밤을 새우면서 그들의 친구가 되어 주었다.

"죄를 용서받고 자유함을 얻어야 합니다. 복음을 들어 보십시오. 제가 여러분들을 위해 기도하겠습니다."

그들에게서 감동의 파장이 일어났다. 사병들은 감동을 받아서 울었다고 한다.

셋째, 그는 명절 때면 사병들을 찾아갔다. 새벽 1, 2시경에 지프를 타고 보초병에게 가서 과자 봉지를 주면서 "집 생각나지요.", "부모님 보고 싶지요.", "조금만 참으세요." 하면서 어깨동무를 한 채 말씀을 전했다고 한다.

넷째, 원래 훈련병이 들어오면 군 규칙상 1주일간은 교회에도 올 수 없다. 하지만 그는 창의성을 발휘하여 훈련병 내무반으로 찾아가 10분 동안 예배를 드렸다. 짧은 예배지만 훈련병들의 입에서 "아멘" 소리가 쩌렁쩌렁 울려 퍼졌다[40]고 한다.

그의 그러한 감동과 창의성을 발휘한 군인 목회는 많은 결실을 맺었으며, 그중에는 단장인 김동흘 장군도 있었다. 그는 장군 복장으로 교회에 와서 주보를 나누어 주는 봉사까지 하는 신자가 되었다. 이처럼 김선도 목사의 군진목회가 감동을 주고 창의성을 발휘했기에 그 열매로 미국에 유학을 가는 계기가 이루어져 가고 있었다.

8. 미국으로 유학 가다

김선도 목사는 두 가지의 꿈이 있었다. 하나는 목회상상담과 치유

---

40) 김선도, 앞의 책, p. 136

신학에 대하여 좀 더 공부를 해 보는 것이며, 또 하나는 영어를 배우는 것이었다고 한다. 그는 영어를 할 수 있는 기회가 있으면 무조건 찾아 다녔고, 흠정역 성경Authorized King James Version을 읽어 가면서 꾸준히 영어 실력을 쌓았다. 그는 그 두 가지의 꿈을 동시에 이룰 수 있는 길이 유학이라고 생각했다. 그러나 현실적으로는 힘든 일이었다. 그러던 중 미국 워싱턴에 있는 웨슬리신학대학의 학장인 헤롤드 디울프가 대전에 방문했는데 그가 한국의 군목 제도를 알고자 그 부대에 방문을 했다. 그 자리에서 김진영 단장이 김선도 목사에 대한 얘기를 했다.

"한국 공군 중에 좀 이상한 군목이 있습니다. 여기 있는 김선도 군목은 보통 군목과는 다릅니다. 사병과 같이 구보를 합니다. 영창에 들어가서 잠을 같이 자고 전도를 합니다. 훈련병 내무반에 찾아가서 10분 동안 예배를 드립니다. 하여간 별난 군목입니다. 사병들이 아주 좋아합니다."

그러한 설명을 듣던 디울프 학장은 말했다.

"당신 미국으로 유학 갈 생각은 없소?"[41]

그리하여 김 목사는 미국 유학의 길에 오를 수가 있었다. 여러 가지 난관을 극복하고 2년 반 동안 유학을 한 것이다.

그가 워싱턴의 웨슬리신학대학에 입학하기 전에 롱비치선교연구원에 들어가게 되었다고 한다. 그곳의 모토는 "가서 모든 족속으로 제자를 삼으라."였다.

그는 그곳에서 실질적인 전도 훈련을 받았다. 그 전도 방법이 '성경

---

41) 김선도, 앞의 책, p. 159

대로', '예수님처럼'이었다.

그는 그곳에서 미국 사람과 짝을 지어서 돈 없이 전도여행을 했다.

그러니까 무엇을 먹을지, 어떤 차를 탈지, 어디서 잘지, 어떻게 전도할지, 전혀 계획되거나 예비된 것이 없었다. 그의 그 전도여행은 성공적이었다. 그는 말하기를 "우리가 순종하지 못해서 기적을 보지 못하는 것이지, 순종만 하면 말씀으로 기록된 약속을 동일하게 체험할 수 있다."라고 했다.

그는 이제 워싱턴에 있는 웨슬리신학대학에 전액 장학금을 받으면서 공부를 할 수 있게 되었다. 그가 신학교에서 가장 흥미로워했던 과목은 '목회 클리닉'이었다. 임상목회라는 것을 처음으로 접했다. 그는 귀국 후 감리교신학대학에서 목회상담과 목회심리학, 목회임상학을 강의하게 되었다. 그는 유학 생활을 하면서도 미국의 군목 활동에 영향을 주어서 '미국 해군 명예 군목증'을 수여받기도 했다. 그는 어디에서든지 왕성한 활동을 했으며, 졸업 때에 마지막 관문으로 '채플 설교'를 해야 하는데 그는 96점을 받는 쾌거를 이루었다. 당시 미국 학생들이 60점을 받는 경우도 있었던 것과 비교하면 김 목사가 얼마나 열심히 공부하고 좋은 성적을 받았는가를 알 수 있다.

그가 유학을 마치고 귀국했을 때에, 공군은 김 목사를 소령으로 진급시키고 공군사관학교의 군목실장으로 활동하게 했다.

그가 유학을 통하여 자신의 목회 방향을 설정할 수가 있었으니, 그는 자신의 목회의 방향을 뚜렷하게 설계하고 활동을 하고 있었던 것이다. 그리하여 그는 공군사관학교에서 또다시 많은 감동과 창의성으로 젊은 장교 후보생들을 정신적으로 이끄는 목사가 된 것이다. 그의 영향을 받은 당시 공군사관학교 교장 윤자중 장군은, 불교 신자였으나 기독교로 개종하고 광림교회의 권사가 되었으며, 그의 아들은 목사가 되었다.

제자훈련으로
한국의 교회를 깨우다

옥한흠 목사

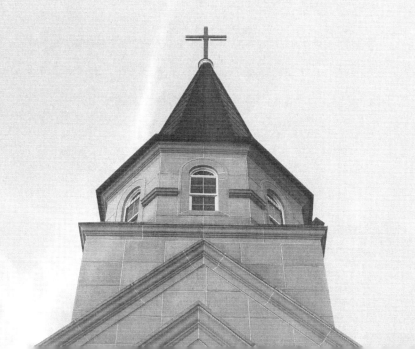

그가 저술한 교회 중심의 제자훈련 교과서인 『평신도를 깨운다』는 출간 35년 만에 150쇄를 넘긴 책으로서 영어, 중국어, 일본어 등 11개 언어로 번역 출간되었다고 한다.

이는 무엇을 의미하는가?

우리는 그 의미를 충분히 알 수 있다. 목회자가 되려는 사람은 물론이거니와 교회의 지도자가 되려는 사람은 이 책을 필독해야 할 것이다. 필자는 이 책을 소개하는 것만으로도 옥한흠 목사에 대한 글을 마감해도 될 것 같다는 생각을 한다. 왜냐하면 이 책의 존재를 알고 이 책을 읽는다면, 그의 목회에 대해 알 수가 있기 때문이다. 이 책에 대하여 조금만 소개를 한다면, 그것은 참교회를 열망하는 옥 목사의 해답서다. 한 사람의 평신도를 예수 그리스도를 닮은 제자로 길러 내야 하는 이유를 설명하고 있다. 그리고 신앙은 삶이요, 삶은 신앙임을 증명하는 제자가 되어야 함을 제시하고 있다. 그 길이 교회와 신자가 세상의 빛과 소금의 역할을 할 수 있는 길이라는 것이다.

그는 영국의 교회와 미국의 교회가 걸어온 길을 통해 한국 교회를 분석하고, 이 시대 한국 교회가 나아가야 할 길을 제시함으로써 교회의 갱신과 발전에 기여한 목사다. 옥한흠 목사는 1978년 사랑의 교회를 개척하여 오늘의 교회로 발전하게 했다.

제1장

옥한흠 목사는 누구인가

─

1. 출생

4대째 기독교인으로 1938년 12월 5일 경상남도 거제에서 출생했다.

2. 예수님을 인격적으로 만나다

옥한흠은 4대째 기독교인으로 태어났다. 그는 자연적으로 교회에 다닌 아이였다. 그가 초등학교 3학년 때에 사경회를 통하여 예수님을 인격적으로 만났던 것이다.[42] 그리스도를 구주로 영접함으로써 지은 죄를 용서받고 구원의 기쁨을 맛본 것이다. 성령님의 강권적인 역사

---

42) 주님과 동행한 오솔길(조하식), 「옥한흠 목사의 생애와 사역」, 조하식의 즐거운 집, 2020. 10. 19.,
　　https://blog.naver.com/johash/222120419039

로 예수님을 만나는 체험을 한 것이다. 그의 이러한 체험은 그의 생애를 변화시켜 준 계기였으며, 그의 목회 철학에 깊은 영향을 주었을 것이다.

3. 목회적인 자세

옥 목사는 로마서를 해석하면서, 바울이 예수 그리스도의 종인 것처럼 자신도 예수 그리스도의 종이라고 고백했다. 자신은 그리스도의 것이며, 예수 그리스도를 믿는 모두가 그리스도의 종이라고 쓰고 있다.[43]

그는 예수를 믿는 사람인지 아닌지는 삶의 스타일로 구별할 수가 있다고 한다. 즉, 종으로서의 삶을 살아가려면 세 가지를 부정해야 한다고 했다.

> ① "나는 주인이 아니다."라고 말하라는 것이다. 즉, 주인 의식을 송두리째 포기하라는 것이다.
> ② "내 것은 아무것도 없다."라고 고백하라고 한다. 즉, 나에게 있는 전부 내 것이 아니라는 것이다.
> ③ "나는 내 마음대로 살 수 없다."라고 선언하라는 것이다. 생존권을 포기하라는 것이다.

---

43) 옥한흠, 『내가 얻은 황홀한 구원』, 두란노(1992), p. 15

왜 생존권을 포기하라고 하느냐? 왜 주인 의식, 소유권, 생존권을 부정해야 하느냐? 그 이유는 자신이 예수의 것이요, 예수의 종이 되었기 때문이라는 것[44]이다.

필자가 옥 목사의 책을 읽으면서 놀라는 것이 있다. 그것은 서울의 강남에 있는 사랑의교회다. 그 교회에 출석하는 성도들은 주로 강남에 사는 사람들일 것이다. 한국의 부유한 사람들이 사는 곳이 서울의 강남이다. 그들을 향하여 그리스도의 종으로 살라고 주장을 하면서, 세 가지를 부정하라고 하고 있는 것이다. 물론 그는 주위의 상황을 넘어서서 복음을 전하는 목사다. 그러나 그 일이 쉬운 일은 아닐 것이다. 목회를 해 본 목사라면 성도들의 압력을 의식하게 되는 것이다. 그러나 옥 목사는 그러한 모든 상황을 넘어서서 복음을 전하고 있는 것이다. 그러한 그가 훌륭한 목사라는 증거다.

4. 학력

성균관대학교 문리과대학 영문학과 졸업
총신대학교 신학대학원 졸업
미국 칼빈신학교 졸업 석사
미국 웨스터민스터신학교 대학원 졸업 목회학 박사

---

44) 옥한흠, 앞의 책, p. 16

5. 경력

한국기독교목회자협의회 명예회장(2007~2010)

교회갱신을위한목회자협의회 명예회장(2007~2010)

중국 연변과학기술대학교 설립이사장(2006~2010)

한국OM국제선교회 명예이사장(2006~2010)

6. 저서

『평신도를 깨운다』, 『아무도 흔들 수 없는 나의 구원』 외 다수

1. 성도교회 전도사

그가 성도교회의 대학부를 지도하는 전도사로 일하면서부터 목회가 시작된다. 그는 한 사람의 변화에 초점을 맞춘 사역에 관심하며 '밀알회'를 만들어서 활동을 한 것이다.

그는 기성 교회와 선교 단체의 사역을 나름대로 분석하여 '제자훈련'에 대한 이론을 정립하면서 실행에 옮긴 것이다. 그 결과가 한국 교회의 주목을 받게 되었던 것이다. 즉 제자훈련의 성과가 나타나기 시작을 한 것이다. 이는 한 사람의 목회자로서 자신만의 목회 철학을 세웠다 할 수가 있다.

그는 그의 제자훈련 이론을 더욱더 확고히 하기 위하여 미국 유학길에 오른다. 그는 칼빈신학교와 유니온신학교에서 공부해 박사 학위를 취득하게 된다. 그러나 그 모든 공부는 한 가지의 목적에 귀결된다. 즉, 제자훈련에 관심하고 그 방법을 찾아내며 이론적인 근거를 확보하는 것이었다. 귀국 후 그는 사랑의 교회를 개척하여 본격적으로 제자훈련의 목회를 시작한 것이다.

2. 사랑의교회를 시작하다

1978년 미국에서 귀국하자마자 사랑의 교회를 개척하여 활동하게 된다. 이제 그는 부교역자로서의 목회가 아니라 담임목사로서의 목회를 시작한 것이다. 그는 그가 주창하는 제자훈련을 마음껏 실행할 수가 있게 된 것이다. 주지하다시피 오늘날의 사랑의 교회는 대한예수교장로회(합동) 소속의 교회 중에서도 대표적인 교회의 하나라 할 수가 있다. 옥 목사는 그리 교회를 성장, 발전시킨 것이다. 그가 주창한 제자교육의 증거가 바로 사랑의 교회인 것이다. 그러기에 우리는 그를 주목하는 것이다.

1) 평신도의 재발견

① 교회 안에서 평신도는 누구인가?

20세기에 들어오면서 교회는 평신도의 중요함을 재발견하게 된 것이다. 일각에서는 20세기의 평신도의 재발견을 16세기 종교개혁과 맞먹을 정도로 평가한다. 종교개혁이 '하나님을 위한' 참교회상을 회복하는 데 그 의의가 있었다면, 평신도 운동은 '세상을 위한' 참교회상을 회복하는 데서 그 의의를 찾아야 한다[45]고 한다.

하나의 교회 안에서 평신도가 차지하는 비율은 99% 이상일 것이다. 세상에서 부딪히는 사람들은 평신도들이다. 세상은 저들을 만나면서 교회를 평가하게 된다. 그 평신도가 잠을 자고 있다고 옥한흠 목사는 진단을 한 것[46]이다. 그 평신도는 무한한 잠재력을 가지고 있음이 사실이다. 그들이 잠을 자고 있으니 교회는 심각한 문제를 안고 있다는 것이다. 옥 목사는 잠자고 있는 평신도를 깨워서 자신들의 해야 할 본래의 역할을 하게 하자는 것이다.

② 초대교회는 평신도 중심의 교회다

교회가 시작되면서 2세기 동안 교회는 평신도 중심이었다. 고대 교회 역사가 하르낙은 다음과 같은 결론을 내리고 있다.

> "기독교의 복음을 선포하는 일을 담당한 주역들이 교회 안에서 어느 부류에 속한 사람들이었는가를 알아보는 것은 불가능한 일이 아니다. 주저하지 않고 우리가 믿을 수 있는 사실은, 기독교의 위대한 선교 활동이 실제로 성공할 수 있었던 것이 비공식적인 선교사들(평신도) 덕분이었다는 것이다."

옥 목사는 하르낙의 글을 소개하면서 루터의 종교개혁의 성공도 평신도가 후원했기 때문이라 했다. 즉, 교회의 개혁과 부흥의 시대는 대개 평신도가 재기再起하는 때였고, 침체와 타락의 시대는 성직자의 횡

---

45) 옥한흠, 『평신도를 깨운다』, 국제제자훈련원(2019), p. 35
46) 옥한흠, 앞의 책, p. 45

포하는 때였다고 평가하고 있다. 따라서 평신도가 잠자고 있거나 주저앉아 있는 교회는 건강하다고 볼 수 없다는 것이다.

그는 또 다음의 글을 소개하고 있다.

> "첫 번째 종교개혁이 성직자의 손에 독점적으로 남아 있던 하나님의 말씀을 교인들의 손에 넘겨준 것이라면, 두 번째의 개혁은 성직자의 손에 독점적으로 남아 있는 사역을 빼앗아 교인들의 손에 넘겨주는 것이다."[47)]

필자가 『평신도를 깨운다』는 책을 읽으면서 알 수 있는 것은, 옥 목사가 평신도의 사역의 문을 열어 주는 길을 제시하고 있음이다. 성직자와 평신도가 함께 교회를 섬겨 가야 함을 강조하고 있음이다.

로잔 대회에서 메디슨이라는 평신도는 지도자들을 향해 이렇게 호소했다고 한다. "평신도가 바라는 것이 무엇인가? 그것은 정말 중요한 일에 우리를 참여시켜 달라는 것이다."라고.

옥 목사는 잃어버린 성경적 평신도상을 다시 회복해야 한다는 것이다. 그리하여 평신도를 좀 더 능력 있고 생산적인 사역의 동역자로 세워야 한다는 것이다. 교회 안에서 평신도가 잠들어 있으면 그 교회는 세상을 위해 아무것도 할 수 없는 집단으로 전락하고 만다는 것이다. 다가오는 예측불허의 세기를 교회가 책임지려면 평신도를 깨우는 것 외에 다른 길이 없다고 옥 목사는 주장하고 있다.

---

47) 옥한흠, 앞의 책, p. 37

③ 제자훈련을 위해서는 미쳐야 한다

목회의 현장에서 묵은 땅을 갈아엎고 양질의 교회로 그 체질을 바꾸기 위해서는 제자훈련으로 깨우는 것외에 다른 길이 없다고 옥 목사는 주장한다. 그러나 평신도를 깨우는 일이 쉬운 일이 아니라는 것이다.

그는 말하기를, "제자훈련은 자신이 발견한 목회 철학이 하나님의 손에서 직접 받은 계시처럼 너무나 분명하고 확고해서 입 다물고 가만히 앉아 있을 수 없을 정도로 강렬한 내면의 불길이 타오르는 자라야 감당할 수 있다."라는 것[48]이다.

철학이 있고 가슴에 불이 있고 비전이 분명하면 일을 저지르지 않고는 견디지 못할 정도가 된다. 아무리 큰 희생이 따른다 해도 그만두지 못한다. 우리가 몸담고 있는 목회 현장은 미쳤다는 소리를 들을 정도로 생명을 거는 자세로 임하지 않으면 제자훈련은 거의 불가능하다는 것이다. 옥 목사를 가리켜 광인狂人이라 하는 이유가 여기에 있다. 평신도를 깨우고자 하는가? 그러면 당신은 미쳐야 한다고 한다. 그만큼 평신도를 깨우는 일은 힘이 드는 일이다. 왜냐하면 이미 굳어진 신앙의 상태를 깨뜨려야 하기 때문이다. 뿐만 아니라 목숨 걸고 제자훈련을 반대하는 세력이 교회 안에 버티고 있다는 것이다. 그러니까 묵은 땅을 갈아 엎고 양질의 교회로 바꾸어 나가는 일은 목숨을 걸어야 하며, 미쳐야 할 수가 있다는 것이다.

필자가 읽은 사랑의 교회 제자훈련의 프로그램으로 인하여 간증하는 부분을 소개하면서 제자훈련과 관계된 부분을 마치려 한다.

---

48)　옥한흠, 앞의 책, p. 65

④ 어느 여집사의 이야기

서울 시내 큰 교회를 수십 년 다녔고 10년 이상 주일학교 교사로 봉사했으며 또 담임목사로부터 상당한 신임을 받고 있었던 여집사 분이 있다.

그녀가 강남으로 이사를 오게 되어서 부득이 교회를 옮기게 되었다고 한다. 사랑의 교회에 등록을 했는데 처음부터 들은 말이, 새 가족 모임에 나오라는 것이다. 할 수 없이 들어가게 되었는데 공부를 하면서도 마음이 언짢았다고 한다. '왜 내가 이러한 모임에 나와야 하며, 이러한 공부를 해야 하는가' 하고말이다. 그러다가 예수 그리스도가 누구신가에 대하여 차근차근히 가르쳐 주는 대로 듣고 있던 어느 순간 자신도 모르게 눈에서 눈물이 흘러 내렸다. 그 눈물이 첫 시간으로 끝날 줄 알았는데 두 번째 시간에도 흘러내리고 그 다음 시간에도 매 한가지였다. 5주 연속 시간마다 감격하고 흐느꼈다. 그 여집사가 간증하기를 "내가 예수 그리스도에 대하여, 십자가에 대하여, 부활에 대하여 크게 잘못 생각했구나." 하는 것을 깨닫게 되었다는 것이다. 그녀는 처음엔 자신처럼 오랫동안 교회에 다닌 사람을 새 가족 모임에 오라고 해서 자존심이 상했다는 것이다. 그러나 그 모든 것이 잘못임을 알게 되었다는 고백이다.[49]

이 여집사의 간증이 바로 제자훈련이 필요하다는 것을 웅변적으로 말해 주고 있다.

필자는 이 여집사의 고백이 묵은 땅을 갈아 엎은 결과였으며, 평신도를 깨운것이라 생각하게 된다. 한국의 교회의 성도들은 묵은 땅이

---

[49] 옥한흠, 『내가 얻은 황홀한 구원』, 두란노(1992), p. 35~36

되어 있으며, 잠을 자고 있음이 아닌가 하고 생각하게 된다.

2) 교회의 체질이 바뀐다

제자훈련을 통해 교회를 성경이 가르치는 그 본래의 사명을 감당할 수 있는 체질로 바꾸어 갈 수 있다는 것이다.

바뀌어진 평신도들이 섬기는 교회는 그 체질도 성경이 가르치시는 교회의 체질이 되어간다는 것이다.

주님께서 제자들에게 "나를 따르라" 하신 것은 "아버지께서 나를 보내신 것 같이 나도 너희를 보내노라"(요 20:21) 하신 이차적인 명령을 전제하고 있었다는 것이다. 즉, 모이는 교회의 이미지는 흩어지는 교회의 이미지를 내포하고 있음이며,

부름받은 것과 보냄받은 것은 별도의 사건이 아니라, 그것은 한 가지 사실의 양면에 해당한다는 것이다. 교회가 사도적 본질을 재발견하면 반드시 이와 같은 양면성이 뚜렷하게 나타나게 된다는 것이다. 그리되면 교회는 모임 자체가 목적이 된 교회로 고착이 되지 않고, 모임은 교회의 궁극적인 목적을 위한 수단으로 해석된다는 것이다.

이제 교회는 하나님의 백성이 영적 훈련을 받는 학교가 되어야 하고, 하나님의 일꾼들이 일하는 작업장이 되고, 십자가의 군사들이 전투 준비를 하는 병영으로, 곤고하고 억눌린 자들이 찾아오는 피난처로, 생의 폭풍을 만난 자들이 마지막 기대를 거는 등대로, 개인이 생명의 등불을 밝히고 우리를 통해 영적으로 사회에 전력을 공급하는 발전소로 그

기능을 다하는 곳이 되어야 한다는 것[50]이다. 옥한흠 목사는 제자훈련을 통해 이러한 교회 이미지가 더 분명해지기를 기대한다고 했다. 그는 교회에 대한 글을 계속 쓰고 있다.

소주제를 소개하면 다음과 같다.

"평신도의 자아상을 바로 정립할 수 있다."

"보호목회에서 훈련목회로 전환할 수 있다."

"전 교회가 서로 사역하는 유기적 관계를 회복할 수 있다."

"교역자 중심 체제에서 평신도 중심 체제로 바꿀 수 있다."

"사역을 분담하는 평신도 지도자를 많이 확보할 수 있다."

"지속적인 교회성장을 기대할 수 있다."

그는 제자훈련을 통해 이제까지의 교회의 이미지를 바꾸며, 하나님께서 기뻐하시는 교회 본래의 사명을 감당할 수가 있다고 한다.

---

50) 옥한흠, 『평신도를 깨운다』, 국제제자훈련원(2019), p. 158

제3장
한국 교회 갱신의 주역이 되다

━━

1. 한국 교회의 갱신과 연합운동

옥한흠 목사가 교리와 신앙의 문제를 바로잡는 '개혁'보다는 교회의 질적인 문제를 바로 세우는 '갱신'이라는 용어를 사용함에는 그 이유가 있다. 그가 교회 갱신을 위한 연합운동에 관심을 가짐으로써 제자훈련의 지향점을 공유하고자 했다는 것이다.

타 교단과의 교류를 통해 윤리강령을 제정하고 대사회적인 활동에 책임을 다함으로써 '교회의 일치와 갱신, 사회를 향한 섬김'에 동참하자는 취지였다고 한다. 그의 주요 경력을 보면, 한국기독교목회자협의회와 교회갱신을위한목회자협의회의 명예회장을 맡고 있었다. 그가 교회 갱신에 대한 열정을 보여 주는 모임을 주도했다는 것을 알수가 있다. 그는 교단의 총회장이라든가, 교권적인 단체의 회장의 역할보다는 교회 갱신에 집중하고 있음을 알 수가 있다.

2. 옥한흠 목사의 일생

그의 일생을 요약하고자 한다.

그는 잠자던 평신도 사역을 활성화하는 데 커다란 족적을 남겼다. 한국 교회의 교회론을 바로잡는 일에 혼신의 힘을 쏟았다. 그의 일생을 성도의 영적 각성과 교회의 갱신을 위해 바쳤다. 그 발자취를 복음, 훈련, 비전의 세 낱말로 요약하기에는 모자람이 있다. 그의 삶과 사역의 중심을 진리와 사랑의 균형감에 두었기 때문이다.

그는 한국 교회의 연합과 일치를 도모하는 노력도 괄목할 만하다. 그가 연변과학기술대학의 설립에 깊이 관여한 것은 북한 선교를 잊지 말라는 의도였다.

그는 이 시대의 기독교 지도자들과 평신도를 흔들어 깨운 그리스도인의 사표였다. "그는 타락한 기독교 공동체를 회복하기 위하여 교회 구성원들을 어떻게 변화해야 하는지를 실체적으로 보여 준 길잡이였다."라고 조하식은 평가했다.

기독교 문화를 대중문화 가운데로,
사도행전적 교회를 지향하다

하용조 목사

제1장
하용조 목사는 누구인가

___

1. 부모의 신앙적 훈련

하용조는 1946년 9월 20일 평안남도 강서군 수산면 신정리 561번지에서 아버지 하대회 장로와 어머니 김선일 권사의 3남 3녀 중 셋째로 태어났다. 이형기 사모와의 사이에 하성석, 하성지를 두었다.

어린 시절 아버지의 인도를 따라 하루 두 번씩 가정예배를 드렸다.

부모는 성경대로 믿었고 하나님의 말씀에 절대복종하는 분들이었으며, 어머니는 성령 충만하여 방언과 예언을 하고, 귀신을 쫓아내고, 능력을 행하였다고 한다.[51] 그를 복음적인 말씀으로 무장시킨 첫 번째 스승은 부모였다고 한다.

___

51) 문성모, 『하용조 목사 이야기』, 두란노(2010), p. 33

2. 주님을 뵈옵다

하용조의 주님과의 첫 번째 만남은 1966년 8월 4일이었다. CCC 여름 수련회(입석)에서 주님을 영접한 것이다. 그는 예수님을 정신없이 좋아해서 목이 쉬도록 찬송하고, 울면서 기도했고, 밤을 새워 성경을 읽었다고 한다.

두 번째 만남은 폐결핵으로 병원에 입원해 있던 어느 날 새벽에 시편을 읽던 중 환상을 보게 되었는데, 주님이 직접 나타나셔서 "네가 목사가 되지 않겠느냐." 하신 것이었다.[52]

하용조는 두 차례의 주님과의 만남으로 변화되어 목사가 되는 길을 가게 된 것이다.

3. 하나님께서 사용하시는 그릇으로 인도하시다

하용조가 하나님께서 사용하시는 그릇으로 길러졌음을 알 수 있는 일들을 여러 곳에서 찾아볼 수가 있다. 먼저는 그의 부모의 뜨거운 기도가 있었으며, CCC 수련회에서 주님께서 그를 부르셨다. 그리고 그는 주의 종이 되라는 두 번째의 부름을 받았으며, 그리고 하나님께서 버리라고 하면 미련 없이 버렸으며, 가라 할 때 지체 없이 갔다. 이러한 그의 순종으로 말미암아 오늘의 온누리교회의 부흥을 가져오

---

52) 문성모, 앞의 책, p. 19~22

게 되었다는 것이다. 즉 하나님께서는 CCC에서 7년간이나 봉사하게 하셨으며, 그는 연예인교회를 섬기다가 사임하고 영국으로 갔으며, 또한 1991년 간경화 판정을 받고 하와이로 가게 되었다는 것이다. 그러나 그러한 변화 후에는 또 다른 깨달음이 있어서 더욱더 큰 그릇으로 길러졌음을 그는 고백하고 있다.[53]

4. 학력

건국대학교 졸업B.A
장로회신학대학원 석사
런던 버아블칼리지 수료
영국 WEC국제선교센터에서 훈련
런던인스티튜트 수료
미국 바이올라대학교 명예문학박사
미국 트리니티신학교 명예신학박사
명지대학교 명예철학박사
숭실대학교 명예기독교박사

---

53) 문성모, 앞의 책, p. 24~25

5. 주요 활동

1) 1974년 연예인교회를 창립하여 대중문화 속에 기독교 문화를 접목시키는 교회로 발전하게 했다.

2) 1985년 12가정으로 시작한 온누리교회는 오늘날 대형 교회로 부흥, 발전케 했다.

3) 1980년 두란노서원을 창립하여 기독교 복음 전파를 위해 다양한 프로그램을 개발하게 했다.

4) 복음을 전파하기 위하여 CGNTV를 개국하여 세계적으로 기독교 복음 방송을 실시하고 있다.

5) 온누리교회를 비롯하여 국내 9개 교회를 설립하였으며, 해외에 26개 교회를 설립했다.

6) 59개국에 선교사 1,235명을 파송했으며, 2010년 사역 중인 선교사가 687명에 이른다.

제2장
하용조 목사와 목회

---

1. 목회

1974년 연예인교회 창립

1980년 연예인교회 사임하고 영국에서 공부함

1985년 10월 6일 온누리교회 창립

2. 기관 설립

1980년 12월 두란노서원 창립

2000년 10월 온누리인터넷 방송국 개국

2005년 3월 CGNTV 개국

2006년 5월 용인 온누리노인요양센터 개관

3. 경력

온누리교회 담임목사
CGNTV 이사장
1999년 신동아학원 이사장
1999년 전주대학교 이사장
한동대학교 이사장
한국 독립단체연합회 부회장
횃불 트리니티신학대학원 대학교 총장

4. 저서

『예수님의 7블레싱』,『그날의 대화』,『사랑하는 가족에게』등 다수

5. 하용조 목사의 목회 철학

1) 성령에 의해 움직이는 교회

시대를 초월하여 어떤 형태의 교회이든지 가장 중요한 교회의 본질적인 요소는 '그 교회가 성령님의 의해 움직이는 교회인가?' 하는 것이다. 성령님의 역사를 부인하는 교회는 없다.

그러나 성령님의 역사를 제한하는 교회는 많다. 중요한 것은 목회

란 사람이 하는 게 아니라 성령님이 하시는 것이라는 점이다. 능력은 사람에게 있는 게 아니라 성령님에게 있다는 것입니다. 그렇다면 사도행전적인 교회는 어떤 교회인가? 한마디로 성령으로 출산된 교회다. 성령에 의해 시작되고, 성령에 의해 운영되고, 성령에 의해 성장하는 교회라고 할 수 있다. 이처럼 이상적인 교회는 성령에 의해 움직이는 교회다. 이것이 바로 교회의 알파요, 오메가다. 온누리교회는 모든 사역 현장이 성령님에 의해 움직여지기를 소망한다.

2) 평신도들이 능동적으로 움직이는 교회

이상적인 교회는 전문 목회자에 의해서만 움직이는 교회가 아니라 평신도들이 능동적으로 움직이는 교회다. 평신도에 의해서 능동적으로 움직이는 교회는 아름답고 감동적이다. 그들의 자발적인 헌신과 봉사를 통해 교회가 움직이고 세워질 때 우리는 그리스도의 몸인 교회를 보게 된다. 교회는 평신도들의 은사가 나타나고 그들의 리더십이 유감없이 발휘되어야 된다. 세상을 변화시키는 주역은 목회자가 아니라 평신도이기 때문이다. 온누리교회는 평신도들이 모든 사역 현장에서 주체가 되고 있다.

3) 비전에 의해 움직이는 교회

이상적인 교회는 목적에 의해 움직이는 교회다. 그 목적이란 주님이 교회에게 주신 사명, 즉 비전이다.

온누리교회는 하나님께서 주신 비전을 이루기 위해 최선을 다하고 있다.

6. 하용조 목사의 대중문화를 향한 비전

한 사람의 성도의 눈에 비친 목사의 존재는 어쩌면 정직한 목사의 모습일 것이다. 가수 윤복희 씨의 눈에 비친 하용조 목사는 그녀의 간증 자서전에 잘 표현되어 있다.

하 목사의 기도와 선교의 핵심은 "대중문화를 구하자."였다는 것[54]이다. 대중문화를 밝고 생명 있는 문화로 탈바꿈시키지 않으면 썩고 병들고 배설하고 상처 주고 배반할 수밖에 없는 소비문화에 빠질 수밖에 없다. 기독교 문화를 앞장세워야 사회가 바로 서고 주님의 권세가 바로 선다. 이 화급한 시대에 이미 알려진 유명 인기 연예인들이 '예수 구원'을 증거하고 그들의 재능과 인기를 한데 모아 '그리스도의 빛'을 온 세상에 발해야 한다.[55]

성경 공부로 시작한 연예인교회는 교회의 이름부터가 대중에게 사랑받는 연예인들로 구성이 되었다는 것이다.

교회의 이름은 상징적이다. 연예인교회. 이름부터가 무엇을 의미하는가를 알리고자 하는 것이다.

하 목사의 목회 비전의 결실이 나타나기 시작했다.

1) 복음성가를 대중화하다

연예인교회에는 '연예인 선교 기획실'이 있었고, 이곳이 주축이 되어서 복음성가―가스펠 송을 전국 방방곡곡에 메아리치게 했다는 것이다.

---

54) 윤복희, 『저예요, 주님』, 두란노(2015), p. 216
55) 윤복희, 앞의 책, p. 217

연예인교회에서는 예배 때는 찬송가를 불렀지만 성경 공부 때는 복음성가를 불렀다고 한다. 그런데 한국 교회는 찬송가가 아닌 복음성가를 부르는 것을 당황스러워했다는 것[56]이다. 그러니까 한국의 복음성가를 시작한 교회는 바로 연예인교회가 중심이었다는 것을 알 수 있다. 필자도 교회에서 수없이 복음성가를 불렀다. 그리고 은혜를 받았다. 그 복음성가를 널리 전파한 교회가 바로 하용조 목사의 연예인교회라는 사실이다.

연예인들이 간증을 나갈 때면 저들은 복음성가를 불렀다는 것이다.

가수 하림 씨는 「우물가의 여인처럼 난 구했네」를 유행시켰으며, 쿨 시스터즈는 「금과 은 나 없어도」를 널리 알렸다.

최성욱, 최안순이 부른 「사랑」은 전국적으로 히트한 복음성가였다. 「사랑」은 청취자들의 폭발적인 반응 속에서 TV 드라마에도 등장해 전국적으로 알려졌다는 것이다. 「사랑」은 당시 가요계에서도 드물던 10만 단위 이상의 판매고를 올린 복음성가다. 「사랑」은 그야말로 전국적인 히트를 기록한 최초의 복음성가가 된 것이다.[57]

이상에서 알 수가 있듯이 하용조 목사의 비전이 전국적으로 복음성가를 열광하게 한 것이다.

2) 〈새롭게 하소서〉를 공연하다

1976년 연예인교회 창립 예배에는 윤복희 씨를 비롯하여 남진, 서수남, 쿨 시스터즈, 하림, 방은미, 신영균 등이 참석하였다고 한다.

---

56) 윤복희, 앞의 책, p. 213
57) 윤복희, 앞의 책, p. 216

연예인교회는 세상을 향하여 그리스도를 증거할 수 있는 기획을 했다는 것이다. 그것이 바로 〈새롭게 하소서〉라는 공연이다.

1976년 11월 22, 23일 이화여자대학교 강당에서 출석 중인 교인들을 모아서 〈새롭게 하소서〉라는 예배극을 공연했다고 한다. 〈새롭게 하소서〉는 성극, 코미디, 복음성가 등을 종합한 무대였다. 이 공연은 대중문화가 판을 치던 우리나라에 신선하고 놀라운 충격을 주었다. 공연 자체가 예배가 되고 극장 자체가 교회가 되었다. 사람들도 구름처럼 몰려와서 대성황을 이루었고, TBC TV는 성탄 특집 방송으로 녹화해 중계했다.[58]

3) 선교영화 〈저 높은 곳을 향하여〉를 제작, 상영하다

7. 설교자 하용조 목사

1) 강해설교를 하라

하 목사는 평소에 몸이 아프지만 설교를 하기 위해 강단에 서면 살아난다고 표현하고 있다. 그는 고백하기를 "나는 살기 위해서 설교한다."[59] 했다. 그는 설교가 '예배의 심장'이라 말한다.

예배에서 찬양도 중요하고 기도도 중요하지만, 설교 이상의 중요한 것은 없다는 것이다. 하 목사의 설교는 강해설교와 사도행전적 설교라 할

---

58)   윤복희, 앞의 책, p. 214
59)   문성모, 『하용조 목사 이야기』, 두란노서원(2010), p. 43

수 있다. 그는 제목설교를 거부하고 강해설교를 주장한다.

강해설교의 원리는 "성경이 말하게 하라. 성경의 순서를 따라라. 네가 성경 본문을 택하지 말아라."[60]라는 것이다. 강해설교는 사람이 설교하는 것이 아니라 "말씀이 설교를 한다."라는 것. 사람은 말씀을 전달하는 도구로 쓰임을 받을 뿐이라고 했다.

좋은 내용의 설교를 하기 위해 날마다 큐티 시간을 가지라. 좋은 설교란 성경에서 얼마나 깊은 샘물을 퍼 올리느냐에 있다는 것이다.

그는 성경을 통독하는 데 많은 시간을 할애해야 하며, 특별히 구약 성경을 자주 읽어야 한다고 한다. 또한 매일 일정한 양을 습관처럼 읽어야 하며, 영어 성경KJV, Niv이나 확대성경The Amplified Bible을 놓고 참고하면서 읽으면 더욱 유익하다고 한다.[61]

좋은 내용의 설교란 성경을 전체적으로 이해하고 체계적으로 정리되어 있을 때(다독) 부분적으로 깊은 말씀 묵상을 할 수 있다는 것(정독)이다.

하 목사는 대학 시절 주님을 영접한 후로 '나의 팡세'라는 제목의 노트에 매일 큐티한 것을 적었다. 그는 영국에서 돌아와 큐티를 계몽하였다고 한다. 두란노 서원을 통해 큐티를 위한 『생명의 삶』을 발행했다는 것이다. 그는 처음에 '백만큐티운동본부'를 발족시켰다가 2003년에는 '천만큐티운동본부'로 확대해 한국 교회 성도들이 큐티하기를 권장했다.

---

60) 문성모, 앞의 책, p. 45
61) 문성모, 앞의 책, p. 51

2) 사도행전적 설교

하용조 목사는 사도행전적인 교회를 실현하고자 온누리교회를 세웠다고 한다. 사도행전의 설교는 서론, 본론, 결론 등의 형식이 없다.

오직 원색적인 복음만을 전한다. "예수는 그리스도요, 그를 믿으면 구원받고 믿지 않으면 멸망"이라는 메시지와 "땅끝까지 복음을 전하라." 하는 내용이다. 또한 성령의 은사가 강조되고, 설교 중에도 가시적인 성령의 역사가 나타나는 설교다. 온누리교회의 예배는 자유롭다. 원고설교는 성령의 역사를 제한하는 것이라 생각한다. 온누리교회의 예배 시간도 제한이 없다. 설교의 시간이 40분, 1시간이 넘을 수도 있다. 즉, 설교자의 예상 밖으로 전개되는 성령의 역사를 제한하지 않는다. 하 목사는 성령의 인도하심을 제한하지 않는 예배 광경을 영국에서 경험했다. 그는 짐 그레이엄 목사의 예배와 설교에 대한 인상을 말하고 있다. "놀랍게도 그들은 예배 시간을 제한하지 않는다." 라고 쓰고 있다.[62]

8. 하용조 목사와 Acts 29

1) Acts 29

'Acts 29'는 온누리교회의 표어다. '영원한 표어'라 한다.

그러니까 사도행전 28을 이어서 복음을 전하는 사도행전 29장의 교회가 되기를 소망하는 것이다. 이 표어에 하 목사의 목회의 꿈이

---

62) 문성모, 앞의 책, p. 64~65

들어 있으며, 세계적인 선교 정책을 펼치고 있는 것이다.

온누리교회는 사도행전의 교회처럼 교회가 교회를 낳는 정책을 실시하여 지금까지 서빙고(1985)를 시작으로 양재(1999), 부천(2002), 수원(2003), 대전(2003), 남양주(2004), 평택(2005), 인천(2006), 건대(2008) 등 국내 9개의 '캠퍼스 교회'들을 설립했고, 미국, 일본, 중국 등 해외에도 26개의 '비전교회'라 부르는 공동체를 만들었다.

이들 캠퍼스와 비전교회는 Acts 29라는 비전으로 묶여 있다.[63] 사도행전 29장의 역사를 써 내려가는 비전으로 묶인 하나의 공동체로서 유기적인 관계를 맺으며 사역하고 있는 것이다.

2) 처치와 파라처치

하용조 목사는 1980년 연예인교회를 사임하고 영국으로 가기 전에 두란노서원을 설립했다. 그는 영국에서 런던인스티튜트에서 공부한 적이 있다. 그곳에서 낙태, 포르노, 각종 범죄, 심리학, 상담 등 사회 문제를 다루면서 대안을 제시하고 있었다. 하 목사는 서울에 가면 두란노서원의 정체성을 이러한 방향으로 발전시키기로 생각했다.[64] 그리하여 두란노서원의 비전을 네 가지로 정하고, 교회성장과 성숙을 돕고, 세상 문화를 변혁시키고, 땅끝까지 복음을 전하고, 비저너리 visionary 선교사를 준비하는 것이다. 그리하여 두란노서원은 다양한 프로그램을 펼치고 있다. 두란노 바이블칼리지, 두란노 아버지학교, 두란노 어머니학교, 두란노 천만큐티운동본부, 두란노 천만인일대사

---

63) 문성모, 앞의 책, p. 113
64) 문성모, 앞의 책, p. 101

역본부, 두란노 해외선교회, 두란노 출판사, 다지역 교회의 프로그램
이다.

온누리교회와 두란노서원이 처치와 파라처치로서 서로 보완하면서
Acts 29를 써 내려가는 것이다.

3) 온누리세계선교센터OWMC를 개설하다

선교센터는 교회의 리더들에게 선교의 중요성과 헌신을 가르쳤으
며, 그리고 장기선교사훈련학교와 단기선교사훈련학교를 운영하여
선교사로 지망하는 선도들을 훈련시켰다. 그리하여 59개국에 파송된
선교사 총괄 누계가 1,235명에 이르고, 현재 사역 중인 선교사 수는
687명에 달한다.[65]

이를 한 교회가 감당하고 있다는 것이 놀라울 뿐이다. 한 교회가 선
교사 한 명을 파송하기도 어려워 여러 교회들이 연합하여 1명을 파송
하는 경우가 있는데, 온누리교회에서 선교사 687명이 활동하고 있다는
것은 너무나 대단하다.

9. Acts 29의 비전

하 목사는 2003년 3월 주일예배에서 'Acts 29'에 대한 비전을 선포
했다. 그는 Acts 29 비전을 구체화하기 위해 네 가지 비전을 제시하
고 있는데 그중 Acts 29 비전을 위한 교회의 정체성을 아래와 같이

---

65) 문성모, 앞의 책, p. 201

정리하고 있다.

1) 교회를 재생산하는 건강한 교회

건강한 성도는 또 다른 성도를 재생산하듯이, 건강한 교회는 또 다른 교회를 재생산해야 한다. 온누리교회는 교회를 낳는 교회의 역할을 충실히 감당해야 한다는 것이다.

2) 전도를 위해 흩어지는 교회

사도행전의 예루살렘 교회는 짧은 기간에 급성장한 대형 교회였다. 하나님께서 대형 교회를 만드신 이유는 흩어져 복음을 전하라는 뜻이다. 온누리교회도 대형 교회다. 훈련받고 준비된 성도들이 미개척된 곳에 복음을 전하는 데 목적이 있다.

3) 선교지에 교회를 세우는 교회

미개척 선교지에 교회를 세우는 전략을 세우고, 2천 교회 설립을 감당하는 온누리교회가 될 것[66]을 말하고 있다. 한 교회가 2천 교회를 세우려는 계획을 읽고는 필자는 어안이 벙벙할 뿐이다.

10. CGNTV를 설립하다

하용조 목사는 수많은 준비 과정을 거쳐서 마침내 2005년 3월 29

---

66) 문성모, 앞의 책, p. 208

일 서빙고 성전에서 5백여 명의 하객과 함께 CGNTV 개국 예배를 드렸다. 그 자리에서 하 목사는 아무리 돈이 많이 들고 희생이 따르더라도, 케이블 TV나 공중파 방송이 가지 못하는 세계 곳곳에 있는 선교사들과 열방에게 CGNTV를 통해 복음을 전하는 사역을 계속할 것을 약속했다.

필자가 CGNTV를 주목하는 것은, 국내뿐 아니라 해외에서의 활동이다. 2005년 3월에 개국한 CGNTV는 그해 8월에 미주 CGNTV를 개국하고 2006년 10월에는 일본 CGNTV를 개국하였다.[67] 2007년 6월에는 중문 시험방송을 시작하여 2008년 6월에는 CGNTV 中文台를 개국하고, 2008년 2월에는 대만에 제작 스테이션을 오픈한 체널을 타이베이 러브소나타를 기점으로 정식 개국했다. 2009년 11월에는 태국 케이블 방송을 시작했다고 한다. 그 외에도 더 넓은 지역으로 CGNTV는 복음 방송의 영역을 넓혀 가고 있음이다.

오늘날 CGNTV는 국내의 기독교 복음방송 TV인 CTSTV, CBSTV, GoodTV와 함께 국내외에서 복음을 전하는 TV로 굳게 서 가고 있다.

필자가 하용조 목사의 일대기를 읽으면서 느끼는 것은 단순하다.
'하나님께서 준비하셔서 사용하시는 종은 그리도 많은 일들을 할 수가 있구나.'로 요약하고 싶다.

---

67) 문성모, 앞의 책, p. 215~217

젊은 청춘들과
함께하다

김준곤 목사

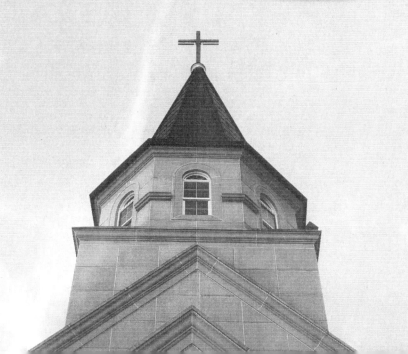

제1장
김준곤 목사는 누구인가

---

1. 출생

김준곤은 1925년 전라남도 신안에서 출생했다.

그는 6·25 한국전쟁을 겪으면서 고향인 신안군 지도면에서 아버지와 아내가 곤봉과 죽창으로 사살당하는 장면을 목격했으며, 자신도 죽을 고비를 넘기고 살아났다.

살아난 김준곤은 원수를 갚으려는 증오심으로 살았으나, 예수 그리스도께서 십자가에 죽으심으로써 구원받은 은혜를 깨닫게 되었다. 그리하여 공산주의자인 마을 지도자에게 전도해 그가 회개하고 예수님을 영접하는 사람이 되었다.

그 후 토벌군 3백 명과 국군이 상륙하여 공산당원을 죽이라고 하였을 때에 김준곤은 그들을 용서하라는 말을 하여서 공산주의자라는 오해를 받아 처형을 당할 위험도 감수하였다고 한다.[68]

---

68) N. W. Becker, 『Fireseeds from Korea to the World』, Campus Crusade for Christ(2007)

2. 학력 및 경력

조선대학교 문학과 졸업

서울 남산장로회신학교 졸업

미국 풀러신학교 수학

대한예수교장로회 전남교회에서 목사 안수(1951)

광주 숭일중·고등학교 교목, 교장 역임

CCC 한국 대표

3. 저서

『예수 칼럼』, 『김준곤 문설집』, 『김준곤 예화』, 『김준곤 설교』(총 2권)
등 다수

제2장
CCC의 대부가 되다

---

1. CCC와 김준곤 목사

김 목사는 풀러신학교 유학 시절 CCC 설립자 빌 브라이트 박사를 만나서 한국에도 CCC를 시작하라는 지도를 받고 귀국 후에 한국 CCC를 창설했다.

대학에서 동아리 형태의 모임을 가져 선교와 봉사 활동을 하는 한국 대학생 선교회를 1958년 11월 창설해, 오늘날 대학에 330개 클럽 1만 6천5백 명의 회원을 가진 단체로 길러냈다.

2. 김준곤 목사의 활동

김 목사는 '민족', '봉사'의 개념을 선교에 도입하여 민족복음화 운동에 앞장을 섰으며, 유학 시절 접한 '조찬기도회'를 모방해 1965년 대한민국

국회 조찬기도회를 창설하였으며, 1966년 국가 조찬기도회를 창설했다. 1968년, 민족복음화를 위한 '나사렛 형제들'을 창단했고, 지역 단위 전도를 위한 '사랑방 운동'을 펼쳤다. 1998년부터 2006년까지는 우리민족 서로돕기 상임 공동 대표를 맡아 북한 주민 돕기에 앞장섰다.

1974년 8월 30일에는 30만여 명이 모여 5박 6일 동안 여의도광장에서 엑스폴로 74 대회를 개최하여 CCC 인지도를 높였다.

3. 엑스폴로 74

1974년 8월에 서울 여의도광장에서 개최된 이 대회는 "예수 혁명, 성령의 제3의 폭발"이라는 표어를 걸고 30만여 명이 모인 대중 집회였다. 5박 6일 동안에 일어날 수많은 문제(음식, 숙박, 화장실 등)를 극복하고 성공리에 개최된 이 대회는 한국 기독교회사에 남을 대단한 집회였다. 어떤 이들은 1907년 평양 대성회 이후의 전도 대집회였다고 평가하기도 한다.

오승재 장로는 김준곤 목사를 회고하는 글에서 "성령보다 앞서지 말고, 기도보다 앞서지 말라.", "민족의 가슴마다 피 묻은 그리스도를 심어 이 땅에 그리스도의 성령의 계절이 임하게 하자." 하고 외치던 김준곤 목사의 모습이 생생하다고 했다.

이처럼 그는 캠퍼스의 젊은이들을 전도에 불타는 일꾼들로 길러 낸 목사다.

4. 사영리 전도지

사영리 전도지는 CCC가 발행한 전도지다. 사영리Four Spiritual Laws라는 논리를 개발하여 전도에 유용하게 사용하게 했다. 수 많은 교회들도 이 전도지를 사용 하였으며, 전도의 새로운 지평을 연 CCC 의 개가라 할 수 있다.

5. 그의 영향

2003년 CCC 대표직에서 물러날 때까지 CCC를 거쳐 간 대학생들 은 30만여 명에 이른다.

남서울교회 홍정길 목사는 CCC총무 출신이며, 온누리교회 하용조 목사는 CCC 간사 출신이다. 우리들교회 김양재 목사도 CCC 출신이 다. 이외에도 수많은 유명 인사들이 CCC를 통하여 은혜받고 교회에 봉사하고 있다.

아쉽게도 필자의 부족함으로 그분에 대한 자료를 찾아내지 못해서 짧게 쓸 수밖에 없었다. 위의 자료들도 2020년 8월 4일에 마지막으로 편집된 자료를 인터넷에서 인용한 것이다.

새벽기도로
한국 교회를 깨우다

김삼환 목사

제1장
김삼환 목사는 누구인가

——

김삼환은 1945년 안동에서 불신자의 집에서 태어났다. 소년 시절 신당교회에서 하나님의 부르심을 받았다. 소년 시절 새벽마다 교회 종을 치는 종지기 소년이 되었다.

1. 목회

홍구교회, 월전교회, 풍북교회, 해양교회를 거쳐 1980년 7월 6일 명일동에서 25명의 교인들과 함께 명성교회를 개척했다. 2006년 2월에 책이 출판되었는데 『새벽 눈물—6만 성도와 함께 새벽을 깨우는 명성교회 새벽기도 이야기』라는 책이다. 그러니까 26년도 채 되지 않아서 6만 성도가 모이는 교회로 발전된 것이다. 하나님의 손길이 함께하시지 않고는 불가능한 일이 서울 명일동에서 일어나고 있었다.

2. 학력

장로회신학대학교 졸업
아세아연합신학대학원 졸업
미국 휘트워스대학 명예신학박사
장로회신학대학교 명예신학박사
서울여자대학교 명예신학박사
뉴번스윅 신학대학원 명예신학박사

3. 경력

명성교회 담임목사
대한예수교장로회 총회장(제93회)
한국기독교협의회 회장(제57회)
사단법인 외항선교회 총재
한국교회희망봉사단 대표
재단법인 아가페기독교소망교도소 이사장

4. 저서

『새벽눈물』, 『갈급합니다』 외 다수

5. 명성교회의 주요 사업

1) 농어촌 미자립 교회 지원
1982년부터 시작한 이 사업은 230여 개의 교회를 지원해 오고 있다.

2) 명성장학관 사업
1984년부터 시작한 이 사업에는 총 105억 원의 사업비가 들어갔으며, 전국 7개 도시에 명성장학관을 건립하였다. 매년 3억 원의 장학금을 지원하여 연인원 2,923명을 배출하고 있다.

3) 에디오피아 병원 설립
2002년 에디오피아에 MCM(Myunsung Christian Medical center)을 설립하였으며 병원을 중심으로 선교 사업을 펼치고 있다.

4) 선교사 파송
아시아, 아프리카 등 여러 나라에 선교사를 파송하여 선교 사업을 활발하게 펼치고 있다.

5) 국내 선교 사업
군선교, 장애인선교, 경찰선교, 학원선교, 교정선교를 활발하게 펼치고 있다.

6) 2010년 민영 교도소인 소망교도소 설립을 주도

제2장
김삼환 목사의 목회의 강조점

─

　김삼환 목사의 목회의 강조점은 새벽기도다.

　그의 목회의 강조점은 두 가지로 표현되고 있다.

　그 하나가 '새벽기도'를 통해 하나님의 거룩함을 체험해야 한다는 것이다. 다른 하나는 새벽기도를 통해 훈련받아서 '머슴 정신'으로 봉사하고 섬겨야 한다는 것[69]이다.

　필자가 읽은 김삼환 목사가 저술한 『새벽 눈물』은 총 4부로 되어 있으며, 각 부에 5제목이 있다. 총 276페이지다.

　그 안에 소제목이 75개 있다. 이 책 전체가 다 '새벽기도'의 필요성과 그 이유에 대한 것이며, '새벽기도'를 해야 한다고 강조하고 있다.

　그러니까 4부 20제목 안에 75가지의 소제목을 쓰고 있는데 그 소제목 75개가 다 '새벽기도'에 대한 글이라는 것이다. 그러니까 책 한 권 전부가 '새벽기도'에 대하여 글을 쓰고 있는 것이다.

---

69)　김삼환, 『새벽 눈물』, 교회성장연구소(2011), p. 8

필자는 이 책을 소개함으로써 김삼환 목사의 목회를 알려 드리고자 한다.

1. 종지기 소년 김삼환

그는 안동의 가난한 농부의 아들로 태어났으며, 그의 집은 불신자의 가정이었다. 그러나 그는 소년 시절 신당교회에서 하나님의 부르심을 받게 된다. 그리고 그는 매일 교회당의 종을 치는 종지기 소년이 되었다. 그는 새벽마다 교회의 종을 치면서 하나님을 만나고 깊이 교제하는 즐거움을 누렸다고 한다. 그가 날마다 하나님 아버지를 찾으며 시작한 하루의 '첫 시간'은 그의 모든 삶을 '하나님의 기적'으로 바꾸는 열쇠가 되었다는 고백이다.

2. 새벽에 자신을 부르시는 주님을 만나다

그는 새벽기도에 대한 감격적인 경험이 있다. 그가 시골에서 목회를 할 때의 일이다. 어느 여름밤에 소나기가 쏟아지고, 천둥과 번개가 쳤다. 그 밤에 그는 잠에서 깨어났다. 그때가 새벽 1시였다는 것이다. 밖을 내다보니 너무나 무섭게 번개와 천둥이 치고 소나기가 내렸다는 것이다.

가만히 생각해 보니 교회에 비가 샐 것 같았는데, "어서 교회에 올라가 보아라." 하는 감동을 받았다는 것이다. 그는 교회에 가 보니 바닥에는 흙이 떨어져 있었다고 한다. 당시의 교회가 흙을 놓고 그 위에 기와를 쌓은 집이었는데 비가 많이 와서 흙이 떨어져 내린 것이다. 그는 마음이 아팠다고 한다.

자신의 집은 비가 새지 않는데 아버지의 집이, 주님의 몸 된 교회가 비가 새니 어떡하나 하는 생각에 엎드려 기도하면서 흙이 떨어지는 것을 등으로 받았다고 한다.

밤을 새워 기도하면서 자신의 등으로 그 흙을 다 받았다고 한다. 그 후 세월이 많이 지나고 생각해 보니 그때 하나님께서 천사를 통해 자신을 깨웠으며, 교회로 인도해 주시고, 그가 하는 모든 것을 보셨다는 것을 알았다는 것이다.

그 일이 자신이 교회를 사랑하게 되었던 첫사랑의 경험이라고 표현하고 있다.[70)]

3. 삶의 해결책은 영적인 깨달음에 있다

그는 찬송가 191장을 소개하면서 삶의 해결책은 영적인 깨달음에서 온다고 한다.

"내가 매일 기쁘게 순례의 길 행함은 주의 팔이 나를 안보함이요, 내가 주
의 큰 복을 받는 참된 비결은 주의 영이 함께함이라"

---

70) 김삼환, 앞의 책, p. 20~21

사람이 매일 기쁘게 살아갈 수 있는 길은 무엇인가? 내가 큰 복을 받는 비결은 무엇인가? 그것은 주의 영이 나와 함께하시는 것이다. 주님의 영이 사람에게 오시면 어둠의 세력이 떠나가는 것이다. 그러기에 기쁘게 살아갈 수가 있다는 것이다. 힘들고 어려울 때 새벽에 하나님을 찾으라는 것이다. 그분을 만남으로써 인생의 어려움을 해결할 수가 있다는 것이다.

4. 교회를 개척할 때에 도움을 주는 자가 없었다

26년 전에 김삼환 목사가 교회를 개척할 때에 자신을 도와주는 사람이 없었다는 것이다. 친구들도, 그리고 사업이 잘되고 있으며 믿음의 생활을 하는 친척도 자신을 도와주지 않았다는 것이다. 그는 많이 힘들고 어려웠는데, 그 누구에게도 아무런 도움을 받지 못했다는 것이다. 그런데 그것이 오히려 사람을 의지하지 않고 하나님만 바라보게 했다는 것이다. 하나님만 바라고 기도하니 하나님의 손이 김 목사를 만지시고, 말로 다할 수 없는 은혜를 주셨다는 것[71]이다.

> "내가 내 형제에게는 객이 되고 내 모친의 자녀에게는 외인이 되었나이
>
> 다"(시 69:7)

평소에 다윗에게 친절하게 대하던 사람들도 다윗을 멀리하고 모른

---

71) 김삼환, 앞의 책, p. 37~38

체하고, 오히려 다윗을 해치려 하는 자들도 있었다는 것을 우리는 안다. 때로는 하나님께서 사람을 붙이지 아니하시면 다 떠나가는 때가 있다. 김삼환 목사에게도 그러한 아픔의 때가 있었다는 것이다.

5. 하나님과의 사귐

기도의 원래 뜻이 '대화'다. 기도를 통해 하나님과 사귐의 시간이 되어야 한다는 것이다. 타 종교에서도 기도를 하지만 그들은 실질적인 기도는 아니다.

기도란 만남이 이루어져야 하는데 타 종교에서는 인격적인 만남이 일어나지 않는다. 그러나 우리 기독교에서는 살아 계신 하나님과 영적인 만남이 이루어지는 것[72]이다. 우리는 기도를 통해 하나님과의 사귐이 일어나야 한다는 것이다.

그래서 우리는 생활 속에서 매 순간마다 하나님과의 사귐으로서의 기도가 잘 이루어지고 있는지를 스스로 점검해야 하는 것이다.

6. 말씀 생활을 통한 사귐

히브리대학에서 공부를 하고 돌아온 가정에 초등학생 3학년과 1학년이 있는데, 이스라엘에서 무엇을 공부했느냐는 질문에 창세기를 히

---

72) 김삼환, 앞의 책, p. 42

브리어로 3년 동안 외웠다고 대답했다는 것[73]이다. 저들에게는 공부가 곧 하나님의 말씀을 외우는 것이며, 다른 공부보다도 성경을 외우는 공부가 가장 중요하다는 것이다. 저들은 온 국민을 하나님을 잘 믿는 사람으로 기르고, 그리하여 하나님의 법을 잘 지키라고 가르치고 있다는 것이다.

1967년 '6일 전쟁'이 발발했다. 아랍의 13개국이 이스라엘을 향해 침략해 온 것이다. 그때 모세 다얀 장군은 기자회견에서 세 가지를 말하면서 이스라엘이 승리한다고 호언장담을 했다는 것이다.

첫째, "우리는 2천5백 년 동안 기다렸던 나라의 독립을 얻었다. 그러니까 우리는 싸워야 한다." 둘째, "이 전쟁은 빠른 시일 안에 끝이 날 것이다." 셋째, "우리는 세계 최고의 최신식 무기를 갖고 있기 때문에 이 전쟁은 우리가 승리할 것이다."

그러자 미국의 FBI나 CIA, 구소련의 KGB나 전 세계의 정보망은 유대인이 가지고 있는 '최신식 무기'가 무엇인지 집중적으로 조사했다는 것이다. 전쟁은 6일 만에 유대인의 승리로 끝이 났다. 모든 유대인 장병이 지닌 최신식 무기가 드디어 공개되었다. 그것은 모든 장병들이 자신의 왼쪽 주머니에 있는 '성경'이었다. 그것은 '포켓용 성경'이었다. 모세 다얀 장군이 말한 세계 최고의 최신식 무기는 바로 성경이었다는 것이다.[74]

하나님께서 함께하신 전쟁이기에 최단 시일 안에 승리를 가져온 것이다.

---

73) 김삼환, 앞의 책, p. 43
74) 김삼환, 앞의 책, p. 45

이처럼 이스라엘은 하나님의 말씀을 믿고 살아가는 나라이며, 하나님께서 함께하시면 승리한다는 것을 세계에 보여 준 것이다.

7. 믿음의 이자를 쌓아 가자

김삼환 목사는 "믿음에는 큰 믿음, 산 믿음, 부유한 믿음, 능력 있는 믿음이 있다."라고 한다. 부유한 믿음은 백 년이 가도 흔들리지 않는데, 한 주일의 믿음의 생활도 못 하고, 믿음이 흔들리는 연약한 믿음, 가난한 믿음이 있다는 것이다.

그러니까 하나님 앞에 묵은 축복으로 창고가 넘치는 풍성한 은혜가 있어야 한다는 것이다. 큰 믿음의 사람들처럼 은혜 위에 살이 쪄서 건강한 영혼에 가득 차고 넘쳐야 한다는 것이다. 내 영혼에 가장 좋은 은혜가 내 심령 안에 가득가득 차서 넘쳐나야 한다는 것이다. 그러니까 믿음의 이자를 부지런히 쌓아 가야 하는데, 그 방법이 새벽기도라고 대답을 하고 있다.

새벽기도는 영적 베테랑이 되는 매일매일의 훈련이라는 주장이다. 주변의 큰 믿음의 사람들을 보면 저들은 한결같이 새벽기도의 베테랑들이라는 것[75]이다.

김삼환 목사는 큰 믿음의 사람이 되기 위해서 백 년이 가도 흔들리지 않는 믿음의 사람이 되기 위해서 열심히 새벽기도를 통해 훈련해 가야 한다는 것이다.

---

75) 김삼환, 앞의 책, p. 51

8. 새벽기도에 어린이들이 참여하다

명성교회의 주일학교(유치원부터 고교생까지)의 재적 숫자가 1만7천여 명이며 출석하는 숫자가 1만4천여 명이라고 한다. 그런데 그들 중에 1년에 두 차례를 개최하는 특별 새벽집회에 개근을 하는 숫자가 8천여 명이라고 한다.

그런데 명성교회의 특별 새벽집회에는 참석한 교인들이 경험한 일이 있는데 그 일은 바로 성령님이 역사하신다는 경험이다. 새벽기도회에 참석하는 성도들에게 한없는 은혜가 부어진다는 것을 온 성도들이 다같이 경험했다는 것이다. 그러니까 새벽기도를 통해 얻은 응답과 경험은 체험신앙으로 바꾸어진다는 것이다.

성도들이 그렇게도 많이 열심히 참석하는 이유를 김 목사는 생각해 보았다고 한다. 그 이유는 하나님의 자녀로서 아버지를 열심을 다해 사랑하고, 그의 자녀로서 사랑하는 아버지를 만나자고 이른 새벽에 나아오니 한없는 은혜를 부어 주신다는 것이다. 김삼환 목사는 주장하기를, "이유가 있어서 사람들이 감동을 받는 것이다." 이유가 있어서 사람들이 명성교회로 몰려 온다는 것이다. 새벽기도는 어려운 문제가 있는 사람만 나와서 부르짖는 것이 아니며, 아무 문제가 없어 보이는 당신이 해야 할 일이라고 주장하고 있다.[76]

---

76) 김삼환, 앞의 책, p. 53

9. 믿음의 선배들에게서 배우자

김삼환 목사는 새벽기도를 해야 하는 이유를 "영적으로 경쟁을 해야 하며, 앞서가야 하고, 프로가 되어야 하기 때문"이라 한다. 영적 1등을 바라보면서 믿음의 선배들의 방법을 배우고 따라 해야 한다는 것이다. 그들은 모두가 새벽기도를 한다는 것[77]이다. 그래서 김 목사는 새벽기도를 강력히 추천한다고 한다. 광풍이 매일같이 몰아치는 이 땅에서 주일예배 한 번 드리는 것으로는 그 광풍을 이겨 내기가 역부족이라는 것이다. 영적인 은혜를 지속할 수 있는 에너지가 필요한데, 새벽기도를 통해 끊임없이 영적 충전을 해야 한다는 주장이다. 그는 성경의 뜻이 하나님께서 우리를 몹시도 기다리고 계심이라는 것을 알아야 한다고 말한다. 그렇기에 당신도 새벽기도를 하라고 말하는 것이다.

10. 예수님은 새벽기도를 가르치셨다

'새벽기도'란 새로운 날의 시작과 더불어 최초의 생각을 하나님께 집중하는 일이라 한다.[78] 그 새벽기도를 예수님은 몸소 실천하시면서 제자들에게 가르치신 것이다.

---

77) 김삼환, 앞의 책, p. 55
78) 김삼환, 앞의 책, p. 65

"새벽 아직 밝기도 전에 예수께서 일어나 나가 한적한 곳으로 가사 거기서

기도하시더니"(막 1:35)

위 말씀에서 보듯, 예수님은 기도에 열심이었다. 예수님만이 아니라 기도에 열심인 믿음의 사람들은 많다. 아브라함은 일찍 일어나서 하나님께 희생제사를 드리기 위해서 하나님께서 지시하는 곳으로 갔다 (창 22:1-3). 야곱은 일찍 일어나서 벧엘에 돌기둥을 세우고 기도했다 (창 22:10-22). 모세도 아침 일찍 일어나서 제단을 쌓고 주님께 부르짖었다(출 24:1-8). 이스라엘의 제사장들도 매일 아침 희생제사를 드렸다 (레 6:12-13). 다윗은 아침 일찍이 기도했고, "내가 새벽을 깨우리로다" 했다. 이처럼 기도의 사람들은 새벽에 일어나 하나님께 기도하는 사람들이었다. 그러기에 성도는 새벽에 일어나 기도해야 하는 것이다.

11. 새벽, 왜 특별한 시간인가

김삼환 목사는 새벽이 특별한 이유를 확신하고 있다. 그는 새벽을 "하나님께서 가장 기뻐하시는 시간"이라는 것이다. 성경에는 하나님께서 처음 것을 기뻐하신다는 것이다. 아들도 첫아들, 곡식도 첫 곡식, 새해 첫 달, 첫 시간을 중시한다는 것이다. 중요한 것은 처음 것에 의미를 두는 이유가 바로 우리의 마음이라는 것[79]이다. 사람은 무엇을 하든지 처음 하는 것에 의미를 둔다. 그래서 처음 것을 소중히 여

---

79) 김삼환, 앞의 책, p. 68~70

긴다. 하나님께서는 그런 우리의 마음을 잘 알고 계시기 때문에 처음 것을 기뻐 받으신다는 것이다. 새벽기도는 하루의 처음 것을 하나님께 드리는 행위다. 하루의 시작을 주님께 드리는 행위다. 새벽기도로 시작하는 하루는 영적인 은혜로 가득찬 하루를 보낼 수가 있다는 것이다.

12. 새벽 시간의 신비

새벽은 놀라운 시간이라는 것이다. 그 이유를 일곱 가지로 김 목사는 정하고 있다.

첫째, 새벽은 영적으로 신비한 시간이다. 기도하는 것은 신비 그 자체다. 신령한 것을 찾고, 신령한 것을 믿는 것이다. 성경을 믿고 예수 그리스도를 믿는 그 자체가 신비한 일이다. 보이지 않는 하나님을 믿는 그 일이 신비함이 아니고 무엇이냐? 교회는 성령님의 역사를 믿는다. 교회가 신비함을 제해 버리면 무엇이 남을까? 그것은 사람의 냄새가 진동하는 곳이 될 것이다. 그러므로 새벽은 영적으로 신비함을 찾는 시간이라는 것이다.

둘째, 새벽은 능력의 시간이다. 기독교는 새벽의 종교다. 놀라운 일은 다 새벽에 일어났다는 것이다. 홍해가 새벽에 갈라졌고, 예수 그리스도의 부활도 새벽에 일어났다.[80] 하나님의 역사는 새벽에 일어난다. 그러니 새벽에 하나님 앞에 나아와서 기도하고 하루를 시작하는

---

80) 김삼환, 앞의 책, p. 76

것이 바로 축복의 길이요, 행복의 길이다.

셋째, 새벽기도를 통해 체험적인 신앙을 소유할 수 있다.

넷째, 새벽기도는 성결의 삶의 시작이다.

다섯째, 새벽은 아이디어와 지혜가 샘솟는 시간이다.

하나님께서 솔로몬에게 지혜를 주시니 그는 지혜의 사람이 된 것이다. 새벽에 하나님께서 귀하에게 어떠한 아이디어를 주실지는 모르는 것이다. 기대하고 기도하자.

여섯째, 새벽은 치유의 시간이다.

일곱째, 새벽 시간은 하루를 출발하면서 신선한 생명을 공급받는 시간이다.

"새벽에 하나님이 도우시리라"(시 46:5)라고 하시는 말씀처럼 새벽기도에 나와서 기도할 때 우리 하나님께서 우리를 도와주시는 것이다. 그 하나님의 도움을 기대하면서 날마다 기도하면서 살아가는 것이다.

13. 새벽기도는 축복의 통로다

"새벽에 하나님이 도우시리라", 수많은 신자들이 이 말씀을 의지하여 새벽에 나아가 기도를 하는 것이다. 다윗도 시편 57장 7절에서 자신의 영혼이 깨기를 바라는 마음을 나타내고 있다.

> "내 영광아 깰지어다 비파야, 수금아, 깰지어다 내가 새벽을 깨우리로다"
>
> (시 57:7)

"Awake my soul! Awake harp and lyre! I will awaken the dawn."

(Psalm 57:7)

영어 성경의 표현은 다윗이 자신의 영혼을 깨우고 있음이다. 다윗이 새벽을 깨울 수는 없다. 자신의 영혼을 새벽에 깨우는 표현일 것이다.

이처럼 다윗도 자신의 영혼을 새벽에 깨우고 있다. 성경에 나타난 인물 중에 다윗처럼 하나님과 친밀한 사람도 없다. 그는 많은 복을 받은 사람이다. 그의 복은 하나님과의 친밀함에서 오는 것임을 알 수가 있다.

김삼환 목사는 다윗의 기쁨은 하나님께로부터 왔다고 한다.[81] 즉 위로부터 온 기쁨이라는 것이다. 기도함으로써 하나님과 올바른 관계를 세우는 것이며, 그러한 관계 속에서 스스로 생각하고 깨달아 바르게 쓰임받는 것이 진짜 복이며, 이것이야말로 가장 귀중한 것이라고 한다. 하나님께서 새벽에 도우시리라 하셨으니 참으로 다양한 방법으로 각 사람에게 가장 좋은 것으로 도와주실 것이다. 우리는 그 말씀을 붙들고 새벽에 하나님 아버지께 나아가는 것이다.

14. 우리를 기다리시는 하나님

김삼환 목사는 우리를 기다리시는 하나님을 부모와 자녀 사이로 비유하고 있다. 잠깐이라도 얼굴을 마주 보는 것이 얼마나 귀한 시간인지를 부모는 안다는 것이다. 별다른 일이 없더라도 얼굴만 잠깐 보

---

81) 김삼환, 앞의 책, p. 83

아도 된다는 것이다. 우리와 하나님의 사이는 그러하다는 것이다. 그저 하나님 아버지 집에 오면 그것으로 아버지는 기뻐하신다는 것이다. 그는 새벽기도의 중요성을 이와 같이 표현하고 있다. 성도들의 모습을 세 가지로 나눈다. 주일 낮 예배만 참석하는 신자들은 '성전 마당의 신자'들이고, 주일 낮과 주일 밤과 삼일 기도회까지 참석하는 신자들은 '성소의 신자'들이며, 새벽기도회까지 참석하는 신자들은 바로 '지성소의 신자'들이라고 했다.[82) 당연히 지성소의 신자들이 믿음이 굳건한 신자들이다. 구약시대에 지성소에 들어갈 수 있는 사람은 오직 제사장뿐이었다.

그러므로 새벽기도를 하는 신자들은 지성소에 들어가는 것과 같은 특별한 신자들이라는 논리다.

김 목사는 기도의 중요성을 유명 목사들의 말을 인용하면서까지 강조하고 있다. 즉, 종교개혁가 존 칼빈은 "성도들이 찾는 보화가 전부 다 담긴 것이 기도"라 했으며, 드와이트 무디도 "하나님의 자녀가 가진 가장 무서운 무기가 기도"라 했다[83)고 한다. 새벽에 우리를 기다리시는 하나님께 나아가 기도하자.

---

82) 김삼환, 앞의 책, p. 90
83) 김삼환, 앞의 책, p. 93

15. 갈 때는 힘들어도 올 때는 은혜 충만

김삼환 목사는 새벽기도회에 갈 때는 힘들지만 집으로 돌아올 때는 은혜가 충만하여 좋다는 것이다. 즉, 세상의 일들은 갈 때는 좋아도 돌아올 때에는 피곤하다는 것이다. 그러나 새벽기도회는 다르다는 것이다. 그곳에는 우리의 기도를 들으시는 아버지 하나님이 계시기 때문에 은혜를 받아서 돌아온다는 것이다. 죄인이 기도하면 의로워지고, 거룩해진다. 가난한 자가 기도하면 복을 받는다. 병든 자가 기도하면 건강해 진다. 우리의 기도를 들으시는 하나님께서 우리의 부족함을 채워 주시고, 기도에 응답해 주시고, 어려움을 해결해 주신다는 것이다. 그헉기에 처음에 교회로 갈 때에는 힘이 들지만 열매가 좋고, 마지막이 좋고, 돌아올 때는 좋다는 것[84]이다. 그렇기에 새벽기도에 도전하라고 한다. 즉, 도전하여 새벽기도를 시작해 보라는 것이다. 그리하여 은혜를 체험해 보라는 것이다.

16. 새벽기도를 위해 체질을 바꾸어라

새벽기도를 하기가 힘이 드는 사람들은 이유가 있다는 것이다. 즉, 직장을 다니거나, 체질상 잠이 많거나, 저녁형 인간이거나 등등 이유가 있는 것이다.

그러나 체질을 바꾸어서 새벽형 인간이 되어야 한다는 것이다. 왜

---

84) 김삼환, 앞의 책, p. 112

냐하면 새벽이 하루의 골든 타임이며, 새벽은 생명의 시작이며, 새벽은 어두움이 물러가는 시간이며, 빛이 동녘에서부터 떠오르는 시간이기 때문이다. 그리고 기도하면 우리의 적이 무너진다. 어두움의 세력이 무너진다는 것이다. 여리고 성이 새벽에 무너졌다. 새벽에 하나님 앞에 나아가 기도하면 하나님의 빛을 받고 밝게 하루를 시작할 수가 있다는 것[85]이다. 이처럼 새벽기도는 사람에게 좋은 것들을 많이 주는 시간이다. 그렇기에 체질을 바꾸어서라도 새벽기도를 하라는 것이다.

17. 주여, 새벽에 깨워 주시옵소서

사람의 힘만으로는 새벽기도를 감당할 수가 없다. 그렇기에 성령님의 도움을 요청해야 한다. "주여, 새벽에 깨워 주세요." 하고 기도하면 성령님은 우리를 깨워 주신다는 것이다. 마귀는 우리가 새벽기도하는 것을 방해한다.

마귀는 우리가 교회에 가는 것, 기도하는 것, 찬송하는 것, 성경을 읽는 것을 싫어한다. 그래서 그러한 일을 하지 못하도록 방해를 하는 것이다. 그러나 우리의 아버지 하나님께서는 마귀가 싫어하는 것을 제일 좋아하신다.

성도는 하나님께서 좋아하시는 일을 해야 한다. 그 길이 우리가 영생을 얻는 길이요, 이 땅에서 승리하는 길이다. 성령님의 도움을 구

---

85) 김삼환, 앞의 책, p. 120

하면 성령님은 우리를 도와주신다. 그렇기에 성령님 새벽에 깨워주세요, 하고 기도해야 한다는 것이다. 즉, 우리의 힘만으로는 어렵지만 성령님의 도움을 받으면 가능하다는 것이다.

18. 신자는 훈련을 받아야 한다

김삼환 목사는 신자는 훈련을 받아야 하는데, 그 신앙 훈련이 바로 새벽기도라고 한다. 기도는 밭이며 성경 말씀이 그 기도의 밭에 뿌려진다는 것이다.

그러니까 말씀을 뿌리기 위해서는 밭이 훈련이 되어야 한다는 것이다. 그는 기도가 먼저고 그 다음이 말씀이라고 한다. 그래서 새벽기도회 때 말씀을 공부시킨다고 했다.[86] 김 목사는 1년에 두 차례씩 특별 새벽기도회를 실시하는데 그 성과가 대단하다.

1980년 9월에 25명으로 시작해서 1997년에는 2만 명 이상이 출석을 했으며, 2005년 가을에는 5만 명이 출석했다[87]고 한다. 그래서 명성교회는 새벽기도회를 5부로 실시하는데, 1부는 4시 30분, 2부는 5시 40분, 3부는 6시 50분, 4부는 8시, 5부는 10시로 한다. 그동안 명성교회의 특별 새벽집회에 도전을 받은 필리핀의 마닐라에 있는 '생명의떡' 교회는 1만 명이 넘게 모이는 교회로 부흥했으며,[88] 국내외 많은 목회자들이 명성교회 새벽기도집회에 도전을 받고 있다는 것이다.

---

86) 김삼환, 앞의 책, p. 138
87) 김삼환, 앞의 책, p. 141
88) 앞의 책, p. 143

19. 머슴 정신으로 섬겨라

새벽기도를 통해 훈련받은 성도는 남에게 봉사하고 섬겨야 한다.

신자들은 주님의 종이라는 정신으로 남을 섬기는 자세가 되어야 하는데, 그 자세가 머슴의 자세라고 말하면서 '머슴론'을 주장하고 있다.

머슴은 주인에게 절대 복종해야 한다. 머슴은 농사에 전문가이듯이 신자들도 기도에, 말씀에, 봉사에, 학교에, 직장에, 가정에 전문가가 되어야 한다는 것이다. 머슴은 검소하게 살아야 하며, 이웃을 섬김에도 머슴처럼 섬겨야 한다는 것이다.

20. 새벽 눈물

김삼환 목사는 평양 장대현 교회에서 시작한 1907년 '대부흥 운동'을 말하고 있다. 즉, 한국 교회 최초로 새벽기도를 인도했던 길선주 목사는 개인의 회개는 물론 고난의 민족사를 걱정하면서 새벽기도회를 시작했다는 것이다.

평양 장대현 교회에서 1천5백 명의 성도로 시작한 대부흥 운동으로 한국 교회는 놀라운 성장을 거듭하여 1천2백만 명이 된 것이다. 그러나 1990년대를 전후하여 교회성장이 감소하다가 급기야 마이너스 성장을 하게 되었다. 이러한 현실을 보면 새벽기도를 통하여 다시 부흥을 꿈꾸어야 하며, 나라와 민족의 어려움을 극복하는 계기가 되

자는 것이다.[89]

기도는 무기다. 새벽부터 흘리는 눈물의 기도는 성령 부흥의 역사가 일어나고 개인이 복을 받으며, 나라와 한국의 온교회와 세계 교회를 부흥시키며 복을 주심을 믿고 나아가자는 것이다.

21. 어느 여집사의 고백

새벽 5시! 이른 시간에 아직 캄캄하지만 교회 앞길은 대낮처럼 환하다. 교회로 들어가는 성도들의 발걸음과 차량의 행렬이 은혜의 강물이 되어 서울의 새벽을 깨우고 있다.

"아니, 이 새벽에 교회 근처에서 보이는 저 많은 사람들이 설마 다 교회 가는 사람들이야?"[90]

남편의 질문에 집사인 부인은 뛸 듯이 기뻤다고 한다. 그동안 남편을 전도하기 위하여 무진 애를 써 왔지만 절에 다니는 시어머니의 뜻을 따라야 한다면서 끄떡도 하지 않았다는 것이다. 그러나 오늘 새벽에 드디어 남편이 호기심을 가지고 묻고 있는 것이다. 무엇 때문에 저 많은 사람들이 이 새벽에 교회로 간다는 말인가? 그의 호기심은 결국은 교회에 나와 등록을 하게 했다는 것이다. 이처럼 새벽기도는 한 영혼을 주님께로 인도하는 계기가 된 것이다. 우리 아버지 하나님께서 그 영혼을 불쌍히 여기셔서 만져 주신 결과다.

---

89) 김삼환, 앞의 책, p. 235
90) 김삼환, 앞의 책, p. 15

전도가 되어지는 것이다. 그 여집사의 간증이 수많은 사람들의 간증이 되기를 소망하면서 명성교회의 새벽기도, 김삼환 목사의 새벽기도를 향한 뚝심이 오늘의 명성교회로 성장, 발전하게 되었음을 알 수가 있다.

22. 갈급합니다

김삼환 목사의 설교책『갈급합니다』를 읽으면서 그분의 목회의 강조점이 무엇인가를 조금이나마 알고자 한다.

그가 표현하기를, 우리 성도들은 물질이나 권력이나 명예에 대한 육신적인 목마름으로 살아가는 존재가 아니라 오직 주님에 대한 목마름, 곧 주님의 은혜에 대한 영적인 목마름으로 살아가는 존재[91]라고 했다.

인류 역사상 죄악에 목마른 민족을 하나님께서 그대로 두신 적이 없다는 것이다. 소돔 고모라가 멸망을 당하고, 봄베이가 하나님 앞에 심판을 받았다는 것[92]이다. 그는 개인이나 나라가 잘되려면 마음을 새롭게 하고 영적인 목마름으로 나아가야 한다는 것이다. 그래야만 개인과 나라가 새롭게 거듭나고 승리하게 된다는 것이다.

"하나님이여 사슴이 시냇물을 찾기에 갈급함같이 내 영혼이 주를 찾기에

갈급하나이다"(시편 42:1)

---

91) 김삼환, 『갈급합니다』, 실로암(2009), p. 5
92) 김삼환, 앞의 책, p. 160

시편의 시인처럼 우리가 하나님을 갈급해하면서 찾으면 은혜로우시며 사랑이 풍성하신 하나님은 응답해 주시고 우리의 길을 인도하셔서 승리하게 해 주신다.

극동방송을 통해
복음을 전파하다

김장환 목사

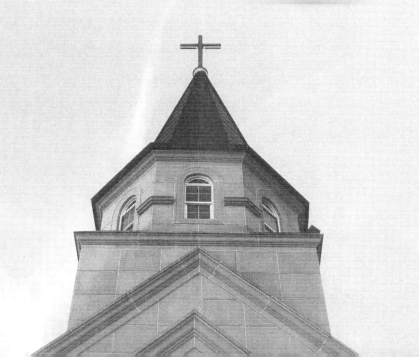

제1장
김장환 목사는 누구인가

—

　김장환 목사는 2016년 제31회 UN 조찬 기도회에서 설교를 했다. 이는 동양인으로서는 처음 있는 일이었다. 그는 '한 사람의 힘The Power of One Person'이라는 제목으로 설교를 하면서, 한 사람의 힘이 얼마나 큰가를 강조했는데, 아담, 모세, 마리아를 설명했다.

　이날 그는 자신이 만난 한 사람의 미군 상사 칼 파워스를 말하면서 자신의 생애가 바뀐 계기가 칼 파워스 상사를 만남이었다는 것이다. 이처럼 김장환 목사는 자신도 다른 사람에게 그 '한 사람'이 되기를 소망한다고 말했다. 그가 평생을 목회하면서 자신이 만난 한 사람, 그리고 자신이 만난 하나님을 열심히 증거하였음을 알 수가 있다. 그는 87세의 나이에도 불구하고 극동 방송국에서 〈만나고 싶은 사람〉 프로그램을 진행하고 있다.

1. 가족사

김장환은 1934년 수원에서 십 남매의 열째, 막내로 태어나서 불신자의 집에서 자라났다.

그는 유학 시절 1958년 8월 8일 트루디와 결혼하였으며, 1959년 2월 2일에 미국 단테침례교회에서 목사 안수를 받았고, 1959년 11월에 밥존스신학대학원을 졸업하고 석사학위를 받았다.

2. 인생 역전의 계기

그는 6·25 한국전쟁 시 9·28 수복 후 수원에 온 미군부대의 하우스보이로 일하게 되었다. 그때 그의 나이 16세였다. 그곳에서 만난 미군 상사 칼 파워스로 인해 그의 인생이 크게 달라지게 되었다. 칼 파워스는 김장환을 미국으로 데려가서 공부를 시킨 사람이다. 그가 9년간 미국에서 공부하는 동안의 모든 후원은 칼 파워스 상사가 해 준 것이었다.

그는 그 후 기회가 있는 대로 칼 파워스를 언급하면서, 그를 만나지 못했다면 오늘의 자신이 있을 수 없다고 회상했다.

3. 하나님의 부르심

김장환이 미국에서 공부할 때에 그는 영어도 잘 못했고, 타지에서의 삶이 힘들 때가 있었다. 18세의 장환이 미국 생활에 어려움을 느끼고 있을 때에 신학대학생인 제리 메이저가 찾아와서 성경 요한복음 3장 16절을 읽어 주었다[93]고 한다.

"하나님이 세상을 이처럼 사랑하사 독생자를 주셨으니 이는 그를 믿는
자마다 멸망하지 않고 영생을 얻게 하려 하심이라"(요 3:16)

메이저가 "너도 창조주이신 하나님의 사랑 안에 있다."라고 하면서 복음을 전했다고 한다. 장환은 하나님께서 자신을 사랑한다는 말에 은혜를 받고 예수님을 영접하게 되었다. 그는 기적처럼 외로움이 사라지고 힘을 얻어서 공부를 계속할 수가 있었다는 것이다. 하나님의 부름을 받은 것이다. 그리하여 그는 고등학교를 졸업하고 대학진학을 놓고 묵상하면서 홀로 교정을 걷고 있을 때에

"너는 나의 종이 되어라" 하는 주님의 감동을 받고 주저 없이 밥존스신학대학에 진학을 하게 된다.[94]

4. 학력

미국 밥존스고등학교 졸업
밥존스대학교 졸업

---

93) 김용호·유재성, 『하나님 만나면 기적이 옵니다』, 나침반(2010), p. 47
94) 김용호·유재성, 앞의 책, p. 60

밥존스신학대학원 석사

미국 트리니티신학대학원 명예박사

사우스웨스턴 침례신학대학원 명예박사

달라스신학대학원 명예박사

5. 목회

1966년 1월 수원중앙침례교회 담임목사로 시무하면서 10여 명의
교인들로 시작하여 2004년 은퇴 시 1만5천여 명의 성도들이 섬기는
교회로 성장, 발전시켰으며, 두 번의 교회를 건축했고, 수원에서는 가장
많은 신자가 있는 교회 중의 하나다. 고명진 목사를 후임으로 세웠다.

6. 경력

수원중앙침례교회 담임목사 역임

빌리 그레이엄 목사 전도집회 통역(1973)

한국 극동방송 7대 국장, 이사장

학교법인 중앙학원 설립자, 이사장

세계침례교회연맹 총회장 당선(2000)

수원중앙침례교회 원로목사

제31회 UN 조찬 기도회 설교(2016)

극동방송 〈만나고 싶은 사람〉 진행자(2005~현재)

한국십대선교회YFC 이사장

7. 저서

『여호와께로 돌아가자』 등 다수

(김장환 자서전은 영문판으로 미국에서 발간했다.)

8. 주요 활동

1) 아세아 방송국을 1973년 6월 30일 설립하다

김장환 목사가 극동방송Far East Broadcasting Company과 관계가
된 것은 밥존스고등학교의 동창인 데이비드 월킨슨을 만나면서다.[95]
월킨슨은 당시 극동방송의 일본지사장이었다. 그가 친구인 김장환
목사를 만나서 일본에 있는 극동방송을 한국으로 이전할 수 있게
해 달라는 요청을 하면서 시작이 되었다. 김 목사는 당시 방송선교
에 대하여는 잘 모르는 상태였다. 그러나 친구를 도우면서 방송선교
에 사명감을 느끼게 되었고, 그리하여 아세아방송을 설립하게 된다.
또한 극동방송과 공동운영 하게 되면서 1977년 1월 1일에 김장환 목

---

95) 김용호·유재성, 앞의 책, p. 132

사가 한국 극동방송 제7대 국장에 취임하게 된 것[96]이다. 그로부터 그의 노력으로 오늘에 이르는 극동방송이 된 것이다.

현재 극동방송은 서울, 부산, 대구, 대전, 포항, 전북, 제주와 러시아 하바롭스크에 있다.

극동방송은 미국 캘리포니아 있는 선교 단체가 극동의 선교를 위해서 방송을 시작해 1956년에 한국의 전파를 획득한 방송이다.

한국, 북한, 러시아, 중국, 몽골, 일본을 방송 구역으로 설정하고

기독교 복음 선교방송을 시작한 것이다. 이는 그 연도가 1956년이라는 점을 생각하면 선구자적인 기독교 복음 방송임을 그 누구도 부인할 수 없다.

2) 기독교 학교를 설립하다

1994년 5월 학교법인 중앙학원을 설립했다. 수원 영통에 중앙기독교초등학교를 설립했다. 수원 영통에 중앙기독교중학교를 설립했다. 수도침례신학교를 설립했다.

3) 기독병원을 설립하다

수원기독병원을 설립했다. 수원중앙양로원을 육성했다.

---

96) 김용호·유재성, 앞의 책, p. 146

9. 김장환 목사의 목회

1959년 밥존스신학대학원을 졸업하고 목사가 되어 귀국한 김장환 목사는 빌립보서 1장 21절 "이는 내게 사는 것이 그리스도니 죽는 것도 유익함이라" 하는 말씀을 붙들고 목회를 시작했다. 그가 즐겨 부르는 찬송은 「지금까지 지내온 것 주의 크신 은혜라」 301장이다.

『하나님을 만나면 기적이 옵니다』에서 편저자 김용호, 유재성은 김장환 목사의 열다섯 가지 생활 법칙을 소개하고 있다.

그들은 '3E'로 김장환 목사의 생애를 요약하고 있다.

3E는 '철저한 전도자로서의 삶Evangelist'과 '다섯 달란트를 남긴 경영자(청지기)로서의 삶Economist', 그리고 '활력을 주는 섬김자로서의 삶Energist'이라 표현하고 있다.

필자는 3E의 김장환 목사를 간략하게 소개함으로써 그 임무를 마치려고 한다.

첫째, 먼저 하나님을 믿으라.

둘째, 평소 복음을 열심히 전하라.

셋째, 터줏자리부터 복음화하라.

넷째, 비전을 크게 가지라.

다섯째, 생명을 다하도록 복음을 전파하라.

 필자는 두 번째 "평소 복음을 열심히 전하라." 하는 부분을 요약하고자 한다.

 김장환은 미국의 밥존스고등학교 시절부터 대학생 형들을 따라 시골 교회로 가서 간증과 찬양, 전도도 했지만 보조 역할을 하였으며, 신학대학과 신학대학원 때까지 열심히 전도하는 학생이었다.

1. 밥존스고등학교 시절

주님을 만난 후 정환의 삶은 완전히 변했다. 그는 무엇보다도 공부를 열심히 했다. 특히 한 방을 쓰던 대학생 제리 탐슨이 공부에 많은 도움을 주었다. 그는 방학이 되면 버지니아로 가서 칼 파워스와 함께 지냈는데, 칼도 군인장학금으로 공부를 하면서 정환의 학비—1년에 730달러로, 당시 코카콜라 한 병의 값이 5센트였다—를 대느라 고생하는 것을 알게 되어서 크게 감사하고 있었다.

2학년 초에 정환은 전국 고등학교 웅변대회에 나가기로 결심하고, 열심히 연습하여서 교내에서 1등을 하였다. 그리고 시 대회에서도 1등을 하고, 주 대회에서도 최우수상을 받아서 전국 대회에 출전하게 된 것이다. 전국 대회에서 김장환은 당당히 1등을 해서 아이젠하워상을 받게 된 것이다. 이는 한국의 소년이 미국의 전국 고등학교 웅변대회에서 이룬 놀라운 성적이었다.

수상 후 에드워드 학장이 채플 시간에 김장환에 대해 이러한 말을 했다.

"하나님을 만나면 기적이 일어납니다. 기적을 원하십니까? 하나님을 만나십시오! 이 작은 소년이 내 사무실을 처음 방문했을 때, 그는 단 한 마디의 영어도 말하지 못하는 학생이었습니다."[97]라고.

이렇게 장환은 변화되고 있었다. 학장의 눈에 비친 그는 기적적으로 변화되고 있는 학생이었던 것이다.

---

97) 김용호·유재성, 앞의 책, p. 55

2. 밥존스신학대학 시절

이미 고등학교 때부터 열심히 복음을 전도하던 김장환은 신학대학 2기에 접어들면서 부흥집회의 주 강사로 초청되는 일까지 생기게 되었다[98]고 한다. 장환을 주 강사로 초청한 교회는 칼 파워스 상사의 외삼촌이 다니는, 50여 명의 성도가 있는 시골 교회 롱브렌치교회였다. 그 집회에 참석한 케슬이라는 성도가 자신이 다니는 단테교회에 김장환을 부흥회 주 강사로 초청한 것이다. 장환은 단테교회와의 인연으로 후일 목사 안수를 단테교회에서 받게 된다. 단테교회 부흥회로 인해 주변의 작은 교회들이 장환을 초청하기 시작한 것이다. 그후 그는 신학대학과 신학대학원 시절 내내 열심히 복음을 전하는 일에 매진했다. 결론적으로 표현하면 그는 복음을 열심히 전도했기에 이미 미국의 여러 교회로부터 부흥회를 인도해 달라는 요청을 받았으며, 뿐만 아니라 미국 교회가 청빙하여 목사 안수까지 받게 되었으며, 트루디라는 여학생과 결혼에까지 이르게 된 것이다.

3. 하나님은 어머니와도 같다

귀국하려는 장환 부부를 주님은 세심하게 챙겨 주시는 것 같았다고 한다.

양아버지 왈도 예거 장로가 김 목사의 한국선교 계획을 듣고는 '세계

---

98) 김용호·유재성, 앞의 책, p. 60

기독봉사회'라는 단체를 만들어서 김 목사를 선교사로, 그리고 트루디 여사를 한국 대표로 임명했다. 그리고 복음을 전할 때에 예비해 놓은 하나님의 사람들을 동역자로 만들어 주셨다고 한다.

> "너는 말씀을 전파하라 때를 얻든지 못얻든지 항상 힘쓰라 오래 참음과 가르침으로 경책하며 경계하며 권하라"(딤후 4:2)

4. 터줏자리부터 복음화하라

김장환 목사가 아내와 함께 수원으로 돌아왔을 때에 그는 미국봉사회 소속의 선교사였다. 그는 먼저 고향의 집에 기거하면서 가족을 구원하기 위해 기도하기 시작한 것이다. 당시 그의 가족은 형님네 3명과 조카들, 전부 24명이었다고 한다. 그는 아버지 산소에 방문하는 날 산소에 절을 하지 못하겠다고 말을 함으로써 가족전도를 시작했다. 셋째 형이 가장 먼저 관심을 가져서 전도하는 첫째 날에 회심을 하였으며, 큰형은 집안의 길흉화복을 관장해 온 신앙의 상징물 터줏자리 3개를 모두 불살랐다는 것[99]이다. 그리하여 가족구원에 깊이 관심하고 전도를 하여서 성과를 거두었다고 한다. 필자에게도 전도를 하지 못한 큰형님 가족이 있다. 목사이면서 가족에게 전도하지 못한 경우가 있다.

김장환 목사는 먼저 가족들을 구원하기 위하여 기도했다고 한다.

---

99) 김용호·유재성, 앞의 책, p. 79

그가 전도하는 내용을 보면,

> "눈을 감고 마음의 원을 그려라.
>
> 그리고 그 원 안에 있는 사람들의 얼굴을 떠올려 보라.
>
> 그들이 예수를 영접할 때까지 기도하라.
>
> 기도하되 응답받을 때까지 기도하라.
>
> 응답받지 못함은 응답받을 때까지 기도하지 못함이다.
>
> 전도의 열매가 맺힐 때까지 전하라.
>
> 전도는 터줏자리부터 시작되어야 한다.
>
> 지금 당장, 당신이 서 있는 그 터줏자리를 복음화하라!"[100]

그는 1960년 1월 1일부터 수원중앙침례교회의 협동목사가 되어 고향 수원에서 복음 사업을 시작했다. 그가 미국의 기독봉사회의 선교사 자격으로 귀국했기에 기독봉사회의 목표인 복음 전파와 청소년선교와 농촌 교회 지원을 위해 온 힘을 기울이고 있었다. 그는 시골 장터를 돌아다니면서 복음을 전파했으며, 특히 수원 지역에서는 학생들이 많이 몰려왔다고 한다. 이유는 김 목사 부부에게 무료 영어를 배울 수가 있었기 때문이었다. 토지 가격이 싼 인계동에 땅을 구입하고 건물도 건축하게 되었다. 이는 미국 기독봉사회의 도움으로 가능하게 된 것이다. 인계동의 집이 이제 전도의 장소가 되고 교회가 된 것이다.

---

100)   김용호·유재성, 앞의 책, p. 80

1966년 1월 김장환 목사는 수원중앙침례교회의 담임목사가 되었다. 그가 부임한 지 8개월여 만에 교인의 수가 3백여 명에 이르렀다고 한다. 그러나 학생 교인이 많았으며, 성인은 1백여 명에 불과하였다. 그는 우여곡절을 겪으면서 1970년 5월 동시에 6백 명이 함께 예배를 드릴 수 있는 2층 예배당을 완공하게 된다.

이처럼 김 목사의 목회는 활발해지고 있었다. 당시 수원의 큰 교회 중의 하나가 된 것이다.

1973년 5월 30일부터 6월 3일까지 빌리 그레이엄 목사의 한국전도집회의 통역을 의뢰받게 된 것이다. 이때 그는 대단히 기뻐했으나 하나의 문제가 있었다.

그것은 그의 모교인 밥존스신학대학으로부터, 빌리 그레이엄 목사의 집회에 참석하지 말라는 지시가 있었기 때문이었다. 그 이유는 신학적인 노선의 차이였다.

김 목사는 48시간을 달라 하고 주님께 기도하기 시작했다.

그는 명백한 성령님의 지시를 받게 된다. 즉, 밥존스 출신의 김장환이 아니라 주님의 종 김장환이 되라는 것이었다. 주님은 그의 배경인 '밥존스'를 내려놓기를 원하셨다. 그의 자랑인 '밥존스'를 폐기하기 원하셨다. 스스로 '밥존스'의 동문 명단에서 이름을 삭제하길 원하셨다. 오직 주님만이 배경이며 자랑이길 원하셨다. 주님의 생명책에 기록된 것으로 만족하길 원하셨다.[101] 그는 즉시로 통역을 하겠다고 통보하면서, 주님의 종으로서 김장환이 되겠다고 다짐을 한 것이다. 한경직 목

---

101) 김용호·유재성, 앞의 책, p. 98

사의 주도로 개최된 빌리 그레이엄 목사의 전도집회는 5일 동안 320만여 명이 참여하는 대단위 집회였으며, 여기에 지방(대구, 부산, 대전, 광주, 전주, 춘천)의 집회 150만여 명까지 합하면 연인원 470만여 명이 참여한 집회였다. 연인원으로도 세계 최대의 전도대회였다는 것[102]이다. 그는 그 집회의 통역을 맡으면서 더욱더 큰 꿈을 가지게 되었으며, "주님 제가 한국의 빌리 그레이엄이 되게 해 주소서." 하고 기도하였다는 것이다.

이제 그의 비전은 세계적인 부흥사가 되는 것이었다. 빌리그레이엄 목사처럼 되기를 소망한 것이다.

그러나 그는 그렇게도 자랑스러워하던 모교 밥존스로부터 동문 명단에서 삭제되었음을 통보받게 된다. 이제부터는 빌리 김(김장환) 목사를 지원하면 동문 명단에서 삭제될 것임을 알게 되었기에, 동문들과의 그 어떠한 교류도 막히고 만 것이다. 뿐만 아니라 밥존스의 그 어떠한 모임에도 초청받지 못하게 되었다.

그는 이러한 통보를 받고는 오랫동안 강단에 엎드려 울었다고 한다. 그러고는 마침내 예수 그리스도의 십자가와 유대인 사회에서의 추방을 깨닫게 된 것이다.

그는 더욱더 크게 쓰임받게 되었다고 한다. 즉, 빌리 그레이엄 목사의 전도집회에 주 강사로 초청되기 시작한 것이다. 특히 '국제 순회복음전도자 대회'와 '프라미스키퍼스 대회'는 김장환 목사를 세계적인 설교가로 자리매김시키는 중요한 계기가 된 것이다.

1986년 국제 순회복음전도자 대회가 네덜란드 암스테르담에서 열

---

102) 김용호·유재성, 앞의 책, p. 101

렸다. 김 목사가 이 대회의 주 강사로 참석했는데, 185개국에서 모인 1만여 명이 넘는 순회복음전도자들이 한국의 김장환 목사를 주목하게 되었다. 이제 그는 세계적인 설교자가 된 것이다. '밥존스'라는 굴레를 벗어나니 그에게는 더 큰 세계가 열린 것이다. 교파주의, 신학적인 노선의 차이가 사람들을 얽어매고 있었던 것이다. 김장환은 그러한 굴레에서 벗어나게 된 것이다. 사실 김 목사는 미국의 트리니티신학대학원, 사우스웨스트침례신학대학원, 달라스신학대학원에서 명예박사 학위를 수여받았다. 그러나 모교인 밥존스신학대학원에서는 명예박사 학위를 수여받지 못하였다. 그 이유를 알 만하다.

당시 김 목사가 암스테르담에서 설교한 장면이 녹화된 비디오가 미국의 여러 신학교에서 설교학 교과서로 쓰여지고 있다.[103] 그는 15년 후에 열린 '암스테르담 2000'에도 주 강사로 초청된다. 그야말로 세계의 목사들이 그를 주목하게 된 것이다.

그는 이어서 동양인으로서는 처음인 침례교세계연맹BWA의 총회장이 된 것이다. 2000년 1월 호주 멜버른에서 열린 BWA 제18차 총회에서 총회장에 당선되었으며, 그해 7월에 쿠바 아바나에서 총회장으로 취임해 5년간의 임기를 시작했다. 그야말로 한국인으로서는 세계 침례교회가 주목하는 대표가 된 것이다. 또한 그가 쿠바에서 열린 회장 취임식 동안 활동해 카스트로 의장과 만나서 2시간 20분간의 대화를 했다.[104] 카스트로는 교황 이외의 어떠한 기독교 지도자와 만난 적이 없었는데, 김장환 목사와는 교황 때보다도 더 긴 시간 동안 대화를 했다고 한다. 이 또한 그의 개인적인 능력임을 인정해야 할 것이다.

---

103) 김용호·유재성, 앞의 책, p. 112
104) 김용호·유재성, 앞의 책, p. 20

제3장

다섯 달란트를 남긴 경영자Economist로서의 삶

경영자로서의 삶의 부분에는 5제목이 있다.

> 첫째, 하나님이 주신 기회를 잡아라.
>
> 둘째, 사람과 돈을 아껴라.
>
> 셋째, 주님의 방법으로 경영하라.
>
> 넷째, 더 큰 꿈을 향해 진군하라.
>
> 다섯째, 동역자를 만나라.

경영자로서의 김장환 목사는 사람과 돈을 아끼는 인물이었다고 한다.

그는 우여곡절 끝에 1973년 6월 30일 아세아방송을 설립하고 극동방송을 함께 경영하게 되었으며, 1977년 1월 1일에 제7대 극동방송국장으로 취임했다. 두 방송국을 하나로 만드는 계획을 2년여에 걸쳐 진행해서 마침내 1979년에 이르러 하나의 방송국이 되었다. 그때 이름을 방송사로 개칭하여 김장환 목사는 극동방송사 사장이 된 것이다.

1. 사람을 아껴라!

극동방송을 인수할 당시에 해고해야 할 직원의 명단을 건네받았으나 김 목사는 한 명의 직원도 해고하지 않고 함께 일을 하자고 했다는 것이다. 즉, 그는 사람을 아끼는 경영자였다. 김장환식의 경영으로 직원들을 대한 것이다. 그는 직원들을 선교사로 생각하고 함께 복음 전파에 힘쓰자고 했던 것이다. 실제로 직원들이 입사할 때에 선교사로 서약을 하고 입사하게 했다.[105]

그는 직원 한 사람 한 사람이 주인임을 깨닫게 했으며, 극동방송의 직원은 소명을 깨달은 선교사라는 것이다.

그는 "극동방송 경영의 중심은 사람이다."라는 말을 실천함으로써 경영자와 직원들이 함께 동지가 되는 경영을 이루고 있었다는 것이다.

2. 돈을 아껴라!

극동방송사의 경영을 위한 엄격한 3가지 원칙이 세워져 있었다.

첫째, 그 누구에게도 거마비를 주어서는 안 된다.

둘째, 방송사 운영자금으로 직원 회식을 하지 않는다.

셋째, 정부 기관에 대한 로비를 하지 않는다.

이러한 원칙을 요약하면 '가능한 적게 쓰되 복음을 전하기 위해

---

105) 김용호·유재성, 앞의 책, p. 150

꼭 필요한 만큼만 쓴다.'라는 것이다. 더 줄여서 말하면 '아끼는 것'[106]이다.

그냥 아끼는 것이 아니라 아낄 수 있는 것은 어떻게든 아끼는 극도의 절약이다. 그렇다 보니 직원들은 김장환 목사를 '수원 왕소금', 수원 깍쟁이'라고 불렀다고 한다.

돈을 아낀다는 것은 적은 비용으로 큰 효과를 얻는 것이고, 또한 미래를 예측하는 선견자적 결정으로 위기 극복 비용을 줄이는 것이라 했다.

저비용 고효율의 시스템 중 하나가 '아나듀오 시스템'이다. 아나듀오란 '아나운서, 프로듀서, 오퍼레이터'의 합성어로 한 사람이 세 가지 역할을 모두 담당하는 라디오 프로그램 제작 시스템이다.

극동방송은 김장환식의 경영 방법으로 오늘에 이르게 되었다. 현재 서울, 부산, 대구, 대전, 포항, 전북, 제주, 그리고 러시아의 하바롭스크에 있는 방송국으로 발전된 것이다. 그가 경영자로서의 지도력도 잘 발휘해서 복음선교방송에 큰 발전을 이룩한 것이다.

3. 수원기독병원을 설립하다

김장환 목사는 수원에 기독병원을 설립하기 위하여 미국에 모금 활동을 전개했다. 그의 가없는 노력으로 마침내 1965년 1천 평의 대지

---

106) 김용호·유재성, 앞의 책, p. 155

위에 지상 4층 연면적 684평의 초현대식 건물인 수원기독병원이 준공된 것[107]이다. 사람들은 이 일을 두고 불가사의하다고 평했다. 당시 의료원 개원식에는 박정희 대통령 부인 육영수 여사가 참석했다.

4. 수원중앙양로원을 육성하다

그는 한국 고아의 아버지 스완슨 목사의 뜻을 따라서 스완슨기념 유지재단의 부이사장직을 수행하면서 1982년, 스완슨기념관이 수원으로 이전할 때 3억 원을 들여서 1983년에 양로원 건물을 건립하였다. 2004년에는 62억 원을 들여 수원중앙노인복지시설을 완공하였으며, 2010년 중앙양로원에는 2백여 명의 노인들이 공동생활을 할 수 있게 되었다.

---

107) 김용호·유재성, 앞의 책, p. 199

제4장

활력을 주는 섬김자Energizer로서의 삶

첫째, 순수한 마음으로 섬겨라.

둘째, 행동하는 사랑으로 섬겨라.

셋째, 은혜를 갚는 마음으로 섬겨라.

넷째, 디딤돌처럼 섬겨라.

다섯, 복음을 위해 섬겨라.

다섯 가지 제목 중에서 네 번째 "디딤돌처럼 섬겨라."를 요약하고자 한다.

김 목사가 귀국 초기부터 가장 관심을 기울였던 분야가 청소년선교와 양육이었다. 귀국 1년 만인 1960년 12월에 수원 YFCYouth For Christ를 창설하였다. YFC는 2차 세계대전이 끝난 후 방황하던 청소년들을 선도하기 위해 1946년 미국 시카고에서 폴리 존스 목사가 매주 토요일 순회전도집회를 하면서 시작된 세계적인 청소년선교 조직이다.

빌리 그레이엄 목사도 YFC 순회전도자 출신이며, 김장환 목사도 밥 존스고교 때부터 YFC 순회전도자로 전도집회를 다니며 복음전도자로 훈련을 받았다[108]고 한다. 우리나라에서는 길치수 선교사가 1959년 서울에서 YFC를 창립했으며, 1966년 길 선교사와 김장환 목사가 주축이 되어서 한국 YFC를 창설하고 초대 회장을 김장환 목사가 맡게 되었다. 그가 관심한 청소년들을 위해 활동할 공간을 제공하기를 소망하였다.

김 목사는 청소년들을 위해 미국을 8개월 동안이나 순회하면서 모금운동을 전개해 20만 달러를 모았다. 그리하여 1천 평의 대지를 매입하고 연면적 4백 평 규모로 1층에 실내 체육관까지 갖춘 2층 건물을 완공[109]하기에 이른다. 여기에는 20만 달러 이외에도 수원중앙침례교회와 많은 분들의 헌금으로 완공하게 된 것이다. 드디어 청소년들을 위한 기독교 회관이 완공되어서 저들이 자유롭게 활동할 수 있게 해 준 쾌거였다 할 수 있다.

필자는 김장환 목사의 활동과 이룩한 업적을 읽으면서 대단한 일을 하신 분임을 알게 된다. 극동방송의 K 이사가 말한 것처럼 그는 큰 인물이었다. 하나님께서 미군 하우스보이 김장환을 선택하셔서 복음사업을 위해 크게 사용하신 것이다.

---

108) 김용호·유재성, 앞의 책, p. 233
109) 김용호·유재성, 앞의 책, p. 236

이웃 사랑에
뜨거운 가슴을 가진 청년

김진홍 목사

제1장
김진홍이 하나님의 종이 되기까지

───

김진홍 목사는 청계천의 빈민선교를 하기 위해 활빈교회를 설립하고 목회한 분이다. 그 목회의 연장 선상에서 두레공동체 운동을 이끌고 있음이다.

그는 은퇴 이후에도 여전히 설교 목사로서의 역할을 감당하고 있다. 2020년 9월 코로나19로 인해 대면예배가 중단되었을 때에도 그는 신광두레교회의 예배에서 설교를 하고 있음을 본다. 그러니까 유튜브로 생방송이 되는 예배에서 매 주일 설교를 함으로써 전 세계의 성도들에게 말씀을 증거하고 있는 것이다.

그는 목사로서 정년 은퇴를 한 후에도 두레공동체의 활동을 주도하고 있으며, 주일마다 수천 명의 성도들 앞에서 설교를 하고 있으니 목사로서 대단하다 할 수가 있다.

1. 어머니의 기도 소리를 들으면서 자라나다

그는 1941년 6월 18일 경북 청송에서 태어나서 부모의 신앙을 물려받은 소년으로, 어릴 때부터 어머니의 기도 소리——우리 홍이는 하나님의 종이 되게 해 달라는——를 들으면서 자라났다.[110]

2. 괴짜 학생으로 성장하다

그는 「아침 산책」이라는 글에서 자신의 고등학생 때 일화를 소개하고 있다. 그는 비가 내리는 날에는 학교에 출석하지 않았다고 한다. 그 후에 학교에 가면 선생님이 왜 결석을 했느냐고 물었는데, 그 대답이 괴짜 학생의 면모를 보여 준다. "비가 내려서 결석했습니다."라는 대답이었다. 그러한 일이 반복되니까 선생님은 김진홍 학생에게 체벌을 했다는 것이다.

그때 진홍은 큰 소리로 "소인이 대인을 몰라주네." 했다는 것이다.

그 소리를 들은 같은 반의 학생들이 크게 웃었다고 한다. 그리고 그는 고교 시절에 1년 6개월이나 배낭여행을 했다. 학업을 중단하고 여행을 한 것이다. 그의 이러한 일화는 여느 학생들과는 다른 행동이다. 괴짜스러운 행동임에 틀림이 없다. 무언가 다른 그 무엇이 진홍에게는 있었던 것이다. 그렇기에 그러한 행동을 하면서 살아온 것이다.

---

110) 김진홍, 『새벽을 깨우리로다』, 홍성사(1999), p. 27

3. 기인奇人 김진홍이 진리를 찾아 헤매다

김진홍이 진리를 찾아 헤맨 일들을 그가 저술한 책『새벽을 깨우리로다』43페이지에까지 기술하고 있다. 그는 철학과 2학년 때 기독교에 회의를 느끼고 있었는데, 그는 버트런드 러셀의 저서『나는 왜 기독교인이 아닌가』를 읽고는 공감하면서 성경을 연탄 아궁이에 던져넣어 불태웠다는 것[111]이다. 그러고는 절에 가서 불교의 불도를 알고자 주지 스님을 만나서 대화를 했다고 한다. 그가 불교계를 떠나온 계기도 쓰고 있다. 해방 후 불교계의 생불이라 추앙받던 효봉 스님이 죽으면서 마지막으로 "무無."라는 말을 남겼다는 것이다. 김진홍은 자신은 의미와 가치를 찾아 헤매는데 "무"라고 하니 불교에서는 더 이상 찾을 것이 없다 하고 떠났다는 것이다. 그 후 그가 대학을 졸업하고 철학과 조교로서 강의를 하다가 학생의 질문을 받게 된다.

"진리가 무엇입니까."

그는 그 대답을 하지 못한 것을 계기로 대학을 떠나 진리를 찾고자 방황하기 시작한다. 그의 진리 찾기는 험로였다. 서울에 올라와서 아이스케키 장사를 하고, 겨울이 되어 장난감 장사도 했다. 그는 진리를 찾기 위해 교회에 가서 진리를 알게 해 달라고 기도도 하고 성경을 펼쳐서 말씀을 읽기도 했다고 한다. 그러나 그는 진리를 찾지 못하고, 그리하다가 거지가 되어 대구의 집으로 오게 되었다. 그는 대구에서 약장수도 하고, 화장품 외판원, 보험 세일즈맨 일 등을 겪으

---

111) 김진홍, 앞의 책, p. 10

면서[112] 세상 견문을 넓혀 가고 있었다.

4. 주님의 부름을 받다, 진리를 깨닫고 거듭나게 되다

김진홍은 대구에서 대학 선배 홍응표를 만나서 로마서를 공부하게 되었다. 그는 갈급해 있던 때였기에 선배의 제의에 순순히 응했고 여름에 시작한 로마서 공부가 겨울이 되도록 계속되었다. 그러던 중 1967년 12월 4일 에베소서 1장을 읽다가 그의 눈에 번개가 일어났다는 것이다.

> "우리가 그리스도 안에서 그의 은혜의 풍성함을 따라 그의 피로 말미암아 구속 곧 죄 사함을 받았으니"(엡 1:7)

"그리스도 안에서!"

그 일곱 글자가 김진홍을 강하게 압도했다는 것[113]이다. 이제까지 그는 그리스도 밖에 있었다는 것을 깨닫게 된 것이다. 이제까지는 종교 안에서, 철학 안에서, 나 자신의 안에서 있었다는 것이다.

그는 철학 안에는 길이 없음을 짐작은 했으나 인간의 안에도 길이 없음을 몰랐다는 것이다. 그는 그리스도 밖에서 방황, 고뇌했던 자신을 보게 되었고 그러한 자신이 죄인이었다는 것을 깨달았다. 이제 그

---

112) 김진홍, 앞의 책, p. 32
113) 김진홍, 앞의 책, p. 41

는 그리스도 안으로 들어갈 때 방황과 고뇌와 죄에서 해방됨을 깨닫
게 된 것이다. 그의 오랜 방황이 끝이 나고 진리이신 예수 그리스도
안에 들어가게 된 것이다. 그는 예수 안에 들어갔고 예수는 그의 안
에 들어왔다. 기쁨의 강이 그의 심장을 흘렀고 세포마다 그의 새로운
출생을 감사했다. 1967년 12월 4일 23시부터 5일 1시 사이에.

5. 학력

대구 계명대학교 철학과 졸업
장로회신학대학원 졸업

6. 경력

계명기독학원 이사장(2001)
뉴라이트전국연합 상임고문(2011. 12.)
뉴라이트전국연합 상임의장(2005~2011)
대산농촌문화대상 농촌구조 부문 대상(1992)
대한적십자사 적십자봉사상 금장(1995)

7. 목회

달성군 목단교회 전도사
대구 청산교회 전도사
1971년 청계천 빈민촌에서 활빈교회 창립
1976년 청계천 철거민들과 남양만 간척지로 집단 이주
남양만 활빈교회 시무
현 동두천 두레교회 원로목사
현 두레공동체 운동본부 대표

8. 저서

『새벽을 깨우리로다』, 『바닥에 살아도 하늘을 본다』, 『하늘이 열리는 금식기도』 등 다수

제2장
활빈교회를 창립하기까지

━━

1. 빈민선교 훈련을 받다

김진홍은 연세대학교 도시문제 연구소가 실시한 빈민 지역에서의 선교 활동을 하는 훈련을 받게 된다. 그는 연희동 산비탈에 밀집하여 있는 판자촌을 훈련 지역으로 정했다. 7명이 투입되었다. 마침 폭우가 쏟아져서 초등학교 3학년생이 사망하고 말았다. 이 아이의 부모도 병원에 가 있어서 김진홍 일행이 장례를 치러야 했다. 그 아이는 산 아래 부자 마을에 있는 교회에 다녔다는 것이다. 교회 목사에게 사정을 말하고 도움을 요청했으나 그 목사는 핑계를 대고 도와주지 않았다. 그 장례를 치르면서, 일본 종교 창가학회의 사람이 자발적으로 도움을 주겠다고 했으며, 실제로 돈을 주고 갔다. 그래서 동네 사람들 왈, "저 일본 것이거나 말거나 사람들이 행실은 된 사람들이여, 저래야 쓰는 거여. 그놈의 예수쟁이 예배당 놈들은 몇 번 연락해도 와 보지도 않았잖아."

김진홍은 도시 교회가 무언가 큰 잘못을 하고 있음을 깨닫게 된다.

당시 서울의 인구 6백만여 명 중에 3분의 1이 판자촌에 거주하고 있는 실정이었다고 한다. 이 방대한 인구에 대한 교회의 영향력은 어떠했는가? 한마디로 교회의 영향력이나 역할은 거의 전무한 상태였다. 그러한 틈새에 일본 종교 창가학회가 파고들어서 빈민들 가운데에 교세를 넓혀 가고 있었던 것이다. 그러니까 교회가 아무런 영향력을 펼치지 못하는 빈민들에게 창가학회는 판자촌 곳곳에 뿌리를 박고 상당한 영향력을 행사하고 있었던 것이다. 이러한 상황을 알게 된 김진홍은 자신이 해야 할 일을 주님이 주신 것임을 깨닫고 빈민선교에 뜻을 두게 된다.[114]

2. 부모도 버린 소년을 살리다

그는 1971년 8월 6일 청계천 지역의 판자촌을 답사하던 중 김종길 씨를 만나게 되고, 그리하여 김학형이라는 12세 소년을 만나게 된다. 병들어 죽어 가고 있는 한 소년을 만나게 된 것이다. 그 소년은 팔다리는 손가락처럼 가늘었고, 배는 올챙이처럼 부풀어 있었다. 배꼽에서 오른쪽으로 5센티만큼 위쪽에 구멍이 나 있었으며 그 구멍으로 고름이 흐르고 있었다. 그는 한 고귀한 생명이 이리도 비참한 지경에 있음에 가슴 아파하며, 어떡하든지 이 생명을 살려야 하겠다고 다짐을 한다. 이 소년이 이 상태로 죽는 것은 인간 양심의 죽음이요, 한국 교

---

114) 김진홍, 앞의 책, p. 68~69

회의 사망이다, 절대로 살려야 한다고 다짐했다.[115] 그리하여 그는 그 소년을 데리고 병원으로 가고, 그 소년에게 주님께 기도하는 방법을 알려 주는 등 온갖 어려움을 이겨 내면서 그 소년을 살려 내게 된다.

김진홍은 학형이가 완치되었음을 확인하고 병원을 나오면서, 인간의 과학이 판단할 수 없는 여호와의 특별하신 힘이 작용하였음에 틀림이 없다는 생각을 하게 된다. 신앙의 세계는 사람의 상상을 초월하는 능력의 세계라 생각하며 「예수는 나의 힘이요」를 부르면서 판자촌으로 돌아왔다.[116]

3. 활빈교회의 창립

김진홍은 송정동 74번지 1천6백여 세대가 살고 있는 청계천 '뚝방촌'을 자신의 선교지로 택하고, 교회를 창립하는 준비를 하고 있었다.

교회의 이름 '활빈'은 『홍길동전』의 활빈당에서 따온 것이다. 활빈교회는 예수 그리스도의 사랑의 방법으로 활빈을 이루고자 함이며, 우리 사회의 독버섯처럼 자라는 온갖 경제적 불균형, 정치적 부자유, 사회적 부조리들을 예수의 능력으로 해결하는 교회가 되기를 소망했다.[117]

1971년 10월 3일 활빈교회를 설립하면서 이사야 61장 1-4절을 읽고는 설립 목적 5가지를 발표한다.

---

115)　김진홍, 앞의 책, p. 71
116)　김진홍, 앞의 책, p. 80
117)　김진홍, 앞의 책, p. 88~89

첫째, 활빈교회는 가난한 자, 억눌린 자, 착취당하는 자의 해방 종교로 출발한다.

둘째, 활빈교회는 교회가 속한 지역사회를 섬기고 개발하는 교회다. 정신적인, 사회적인, 그리고 문화적인 구심점이 되어야 하며 지역사회 내의 육체적인, 도덕적인, 사회적인 온갖 질병을 치료하는 교회가 되어야 한다.

셋째, 예수의 가르치심의 알맹이는 사랑이다. 사랑을 배우고 가르치고 훈련시켜 사랑을 실천하는 교회다.

넷째, 교회가 속한 민족과 사회, 좁게는 지역사회 복음화의 전략과 기동력을 가져야 한다. 활빈교회는 한국인의 체질과 요구에 응하는 제도와 신학을 형성하고 지역사회 복음화와 전략과 기동력을 개발하는 교회다.

다섯째, 교회는 사회정의의 선포다. 활빈교회는 한국 사회의 정치적 억압, 경제적인 불균형, 사회적 불평등, 온갖 비인간화 형상에 강력하게 도전해야 한다.[118]

이제 김진홍은 활빈교회를 통해 자신의 이상적인 교회를 이루려는 도전을 시작한 것이다.

4. 활빈교회가 실시한 일들

김진홍은 판자촌의 집들을 방문해 그들의 문제를 찾아내고 해결하는 일을 시작했다.

---

118) 김진홍, 앞의 책, p. 90

첫째, 그 가정 자체의 힘으로 해결할 수 있는 문제.

둘째, 그 가정과 활빈교회가 힘을 합해 공동으로 해결할 수 있는 문제.

셋째, 그 가정으로서는 해결할 수 없고 활빈교회나 외부의 도움으로 해

결할 수 있는 문제.[119]

세 가지로 분류하고 문제들을 해결하고자 과감하게 도전을 한 것이다. 김진홍은 수많은 문제들에 직면하면서 그 문제들을 해결하고 애를 쓰면서 나아가고 있었다. 때로는 하나님 앞에 나아가 울기도 하고, 선교사의 도움을 받기도 하는 등 지역사회의 문제들을 해결해 가고 있었다.

1) 자활에의 길

김진홍 전도사는 외부의 지원 없이 교회를 운영하다가 경제공황이 닥쳐서 아내와 아들 자신까지 먹을 것이 없는 지경이 되고 말았다.

그는 활빈교회가 자활정신으로 세워졌기에 판자촌의 주민들도 할 수 있는 일을 하면서 고비를 넘기고자 넝마주이가 된다. 즉 그는 주민들과 동화되고자 그러한 일을 시작한 것이다. 그리하여 생계비를 마련하고 주민들을 돌보면서 교회를 운영하고 있었다.

교회는 일약 번창해 가고 있었으며, 예배드릴 때에 자리가 없을 정도가 되었으며, 그해 성탄절에는 마을의 축제가 되었다. 아이들은 노래와 춤을, 청년들은 연극을 공연하니 주민들의 호응이 컸다. 그는 새벽기도회가 끝나는 대로 나가서 14시까지 일하고 지역으로 돌아와

---

119) 김진홍, 앞의 책, p. 94

서 교회 일을 했다. 환자 방문, 직업 소개, 개인 면담, 좌담회, 싸움 말리기 등이 그의 일과였다.[120] 그는 활빈교회의 활동을 하면서 수많은 일들을 경험하게 된다. 칼부림 현장에 가기도 하고, 판자집 철거반원들과 다투기도 하고, 그리하다가 결핵 퇴치 운동을 전개하여 263명의 결핵 환자가 있다는 것을 알게 되어서 보건소와 밀당을 하기도 했으며, 무허가 집을 지었다는 죄명으로 구치소에 며칠 동안 갇히기도 했다. 특히 그는 세 아이가 딸린 훈이 엄마가 자궁 안에 큰 혹이 있는 것을 오래 방치해서 수술을 하지 않으면 생명이 위험하다는 것을 알고, 아이의 엄마를 살리고자 중앙의료원으로 또 세브란스병원으로, 서울대병원으로 그리고 이화여대병원으로 다니면서 수술해 주기를 호소했으나 병원비 문제로 다 거절을 당했다. 아기 엄마를 업고 판자촌으로 돌아오다가 이상하여 내려 보니 그녀는 죽어 있었다. 그는 교회에서 엎드려 "주님 너무하십니다." 하고 기도했다.[121]

2) 아들이 결핵에 걸리다

김진홍에게는 아내와 아들이 하나 있다. 어느 날 아들을 길에서 마주쳤는데, 아들은 어느 집 안을 보고 있었다. "동혁아, 뭐 하니." 하고 아들을 품에 안고 돌아오는데 "아빠, 우리도 밥 먹어." 하고 울먹였다. 혁이는 집 안에서 밥을 먹는 것을 보고 있었던 것이다. 겨우내 수제비만 먹었던 혁이의 말에 김진홍은 가슴이 메어 왔다.

장모님이 딸의 사는 것을 보고는 질겁을 하며 "자네는 예수를 별나

---

120) 김진홍, 앞의 책, p. 121
121) 김진홍, 앞의 책, p. 155

게도 믿는구먼. 좋은 일 자네 혼자서 하고, 혁이와 애미는 외가집으로 데려가겠네." 하셨다.

이화여대부속병원에 갔더니만 결핵이라는 판정을 받았다. 판자촌의 공적公敵 1호가 결핵이다. 아내가 말했다.

"현재 상태로는 계속 지탱하기가 힘듭니다. 혁이를 데리고 대구 친정에 가서 지내면서 건강을 회복시킬테니, 우리가 대구에 있는 동안 당신 깊이 생각해 보세요."[122]

즉 가정이냐 일이냐, 처자냐 활빈이냐를 생각해서 택일하세요, 한 것이다.

김진홍은 안팎으로 도전을 받고 있었던 것이다.

그러던 어느 날 밀가루 한 포대를 구입해서 임 씨네 집에 주었다. 보름 후에 그 부인이 찾아와서 다시 도와달라고 한다. 김진홍은 넝마주이를 해서 어렵게 구하여 준 밀가루인데 또다시 도와달라는 말에 속으로 화가 치밀었다. 그리하여 임 씨를 만나서 솔직하게 자신이 하고 싶은 말을 다 했다. 그리하여 임 씨는 고물 장사를 할 수 있게 도와주어서 새로운 직업을 갖게 해 주었다. 김진홍은 그날 이후에 판자촌의 선교 활동을 전면적으로 변경했다. 개개인을 도와주던 구제형에서 주민의 조직된 힘으로 문제들을 자기네의 힘으로 해결하도록 유도하려 애쓰는 방향이다. 그리하여 판자촌 내에 주민회를 조직하기에 이른다.

3) 송정동 판자촌 주민회

김진홍은 판자촌 내의 발언깨나 하는 사람들을 찾아다니면서 주민

---

122) 김진홍, 앞의 책, p. 148~149

회가 조직되어야 함을 설명하고 "함께 뭉쳐서 서로 돕고 살자.", "혼자
서는 실패했지만 뭉치면 성공할 수 있다."라고 했다. 그리하여 교회당
에 주민회관이라는 간판을 걸고 주민회를 조직해 회장 1명, 부회장 2
명, 총무 1명 그리고 5개 분과위원장을 민주적으로 선출하고 조직을
확대해 전 세대를 회원으로 가입시키는 작업을 했다. 이리되자 주민
회를 중심으로 온 동리에 협조하는 분위기가 일어나기 시작했다. 5개
분과위원회는 주민교육부, 건강관리부, 협동조합부, 생활안정부, 개발
봉사대였다.[123]

　　그중에 협동조합부에서는 신용조합, 소비조합을 설립했다. 당시 판
자촌에서 성업중이던 월 30%의 고리채 달러 빚을 추방하는 데 신용
조합이 꼭 필요했다.

　　이러한 주민회의 활동이 빛을 발한 사건이 일어났다. 그것은 성동
구청에서 교회당 건물을 기습적으로 철거한 사건이다. 우여곡절을 거
쳐서 주민들 스스로의 회의와 결정으로 교회당을 다시 세우게 된 과
정이다. 그러니까 교인들만의 교회가 아니라 주민들의 교회당이 된
것이다. 주민회의 활동의 결실이 그리 나타나고 있었다.

4) 앉은뱅이를 일으키다

　　주민 중에 두 아이의 엄마인 30대 부인이 앉은뱅이가 되어 있었다.
아이를 낳다가 출혈이 심하더니 그 후로 일어날 수가 없어서 두 손을
짚고 엉덩이로 다니면서 살고 있었다. 김진홍은 판자촌에서 의료봉사
를 하던 서울대학교 의과대학 학생 김상현 군과 함께 그 엄마를 고치

---

123)　김진홍, 앞의 책, p. 164

려고 병원으로 데려갔다. 다수의 엑스레이 사진을 판독한 결과 치료 불능이라 했다. 두 사람은 우리가 고치자 하면서, 김상현 군은 약을 처방하고 김진홍은 기도하겠다고 했다. 그리고 그 엄마에게도 기도하라고 하면서 "병은 의사나 약이 고쳐 주는 것이 아니라 하나님께서 고쳐 주시는 겁니다." 했다. 그러던 얼마 후에 그 앉은뱅이 부인이 일어서게 되었다. 처음에는 무릎을 손으로 잡고 빠듯이 일어서기만 하더니, 다음은 한 발짝씩 걸음마를 하다가 나중에는 정상적으로 걷게 되었다.[124] 할렐루야!

5) 판자촌 주민 자활회

지역내 110명을 대원으로 하여 자활회를 조직했다. 대원들은 전과자들과 불량배들이 주가 되었다. 넝마주이, 폐품 재생산, 식품 가공 등의 사업으로 자활의 길을 스스로 개척하려는 것이었다. 자활회의 설립 취지문은 "우리의 살길을 우리 스스로 찾는 길밖에 없음을 알게 되었다. 우리는 일어서서 굳게 뭉쳐 자활의 길을 찾고자 한다.

'신은 스스로 돕는 자를 돕는다.'라는 성경의 말씀을 우리는 믿는다."라고 말하고 있다.

그들은 스스로 일어서려는 의지로 뭉치게 된 것이다. 그러나 현실엔 너무나 많은 장벽이 있었다. 젊은 엄마들이 죽어 가고 처녀가 죽어 나가고 가장이 죽어 나간다. 벽제 화장터에서 한줌의 재가 되어버린 생명들을 보면서 김진홍은 고통스러워했다.

'누가 인간 생명이 천하보다 고귀하다 했는가? 여기에 소똥보다 값

---

124) 김진홍, 앞의 책, p. 167

싼 생명이 있지 않은가?'[125]

그는 자신의 한계를 느끼면서 괴로워한 것이다.

그는,

> "하나님이여 내 마음이 확정되었고 내 마음이 확정되었사오니 내가 노래
> 하고 내가 찬송하리이다 내 영혼아 깰지어다 비파야 수금아 깰지어다 내가
> 새벽을 깨우리로다" (시 57:7-8)

하는 말씀을 생각하면서 다윗이 이스라엘 민족의 새벽을 깨우는 사명을 깨닫듯이 자신도 새벽을 깨우는 것이 자신의 사명이라 확정하였다 한다.

> 어둠에 잠자고 있는 민중들에게 새벽을 알리는 사명은 위대한 사명이다.
> 한밤중에 잠들어 있는 한국 교회에 새벽이 다가옴을 알려야 한다.
> 가난과 질병에 잠들어 있는 청계천 판자촌의 6만 형제에게도 새벽을 알
> 려야 한다.
> 가난한 자들의 아픔을 모른 채 호화로운 주택에 잠들어 있는 부자들에게
> 도 새벽을 알려야 한다.

김진홍은 밖으로 나가 새벽을 알리는 종을 울렸다.
땡그랑, 땡— 땡그랑, 땡—.

---

125) 김진홍, 앞의 책, p. 186

제3장
두레공동체의 정신과 비전

김진홍 목사는 70년대는 빈민선교운동을 펼쳤고, 80년대에는 남양만 갯벌에서 농민선교운동을 일으켰고, 90년대에는 두레마을을 세워 공동체운동을 전개하였으며, 2000년대에는 두레교회를 중심으로 하여 교회운동과 공동체운동 그리고 산업운동을 하나로 묶어 나가는 운동을 펼치고 있다.

그가 30년에 걸쳐 몸으로 체득한 운동 정신을 '두레사상'이라 말하면서 두레사상은 예수 그리스도를 믿음으로 구원에 이르는 복음의 기초 위에 비롯된다고 한다. 그는 두레사상을 이루어 가는 여덟 가지 정신을 밝히고 있다.

첫째, 두레공동체의 3대 비전. 둘째, 복음운동. 셋째, 활빈 정신. 넷째, 바닥 정신. 다섯째, 목민 정신. 여섯째, 개척 정신. 일곱째, 창조 정신. 여덟째, 대안공동체다.

필자는 두레공동체의 3대 비전을 소개하는 것으로 마치고자 한다.

1. 두레공동체의 3대 비전

그는 한국 교회가 처한 개인구원과 사회구원의 문제에 대한 대답이 디모데후서 3장 15-17절에 있다는 것이다.

즉, 성경은 개인의 영혼 구원을 받게 하고 그 사회와 백성들을 깨우치는 윤리 교과서가 되어야 한다[126]고 주장함으로써, 개인구원과 사회구원을 동시에 이루어야 한다고 한다.

김진홍 목사는 두레공동체의 3대 비전을 제시하여 그들이 나아갈 길을 힘주어 말하고 있다.

1) 성서한국

그는 이사야 11장 9절의 말씀처럼 하나님을 아는 지식, 성경을 아는 지식이 한반도를 가득 덮게 될 그 시대를 바라보고 나아가자는 것이다. 이를 일컬어 '성서한국'이라 한다.[127]

2) 통일한국

그는 에베소서 2장 14절의 말씀처럼 남북이 통일되어 하나 되는 조국을 꿈꾸면서 '통일한국'을 이루기 위하여 나아가자고 한다.

3) 선교한국

그는 마태복음 28장 19-20절의 말씀처럼 예수님의 유언인 땅끝까

---

126) 김진홍, 『두레공동체의 정신과 비전』, 두레시대(2002), p. 17
127) 김진홍, 앞의 책, p. 21

┆ 복음을 전하는 '선교한국'을 꿈꾸고 있다.[128]

2. 김진홍 목사의 30년의 활동

1971년 10월 청계천 천막촌에서 활빈교회 개척을 필두로 하여 그의 선교 활동은 보통의 목회자들이 걸어온 길과는 다른 길을 가고 있다.

1) 1974년 유신체제 반대운동, 대통령 긴급조치법 위반으로 징역 15년 형을 받고 1년 1개월 수형 생활을 하다

그는 방송 등에서, 수형 생활을 하면서 치유의 은혜를 체험했다고 말했다. 즉, 그는 감옥 생활 중에 성령님의 임재를 체험한 것이다.

그의 설교 성령세례(롬 8:9-110)에서 성령님에 대한 올바른 이해를 위해서는 꼭 읽어야 할 말씀들이 있는데, 고린도전서 12~16장, 요한복음 14~17장, 로마서 8장이라고 한다.[129] 즉, 그는 성령체험한 목사로서 성령에 대하여 바르게 알리기를 열심내고 있다.

2) 두레마을을 세우다

한국에 다섯 곳, 중국 연변의 두레마을, 미국 캘리포니아주 베이커스필드에 두레마을이 있다.

---

128) 김진홍, 앞의 책, p. 23
129) 김진홍, 『비전 있는 교회』, 두레시대(1989), p. 91

3) 두레장학재단의 대표

4) 대안학교 두레자연고등학교 이사장으로 그의 활동의 폭을 넓혀가고 있다

말씀을 만나게 하는
큐티의 여왕

김양재 목사

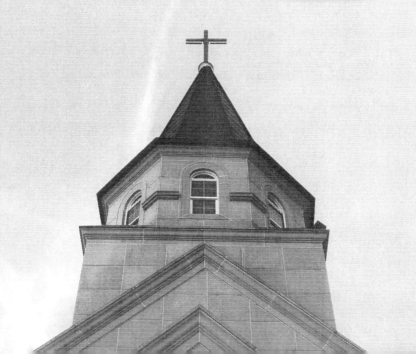

제1장
김양재 목사는 누구인가

━━

　김양재 목사는 말씀 묵상Quiet Time으로 시작해 오늘의 우리들교회를 이룩한 목사다. 그녀는 우리들교회가 많고 많은 교회들 중에 하나를 더한 교회가 아니라 '믿는 족속에게 보여서 그들로 자기 죄악을 부끄러워하게 하는 교회'라고 한다. 즉, 하나님께로부터 특별한 사명을 받은 교회라는 것이다. 이 시대에 우리들교회를 통하여 이루고자 하시는 하나님의 장엄한 역사를 알기를 바라는 마음이다.

　김양재는 1951년생으로 이북이 고향인 부모에게서 4대째 모태신앙의 집에서 넷째 딸로 태어났다. 그녀의 어머니는 넷째 까지 딸을 낳음으로써 충격을 받고, 아들을 낳지 못하는 고난을 통하여 인격적인 주님을 만나신 분으로, 새벽마다 기도회에 참여하고, 교회의 화장실 청소를 담당하는 등 봉사하시는 기도의 어머니였다.[130]

───────

130)　김양재, 『날마다 큐티하는 여자』, 홍성사(2012), p. 19

1. 학력

서울대학교 음악대학 피아노 전공
백석대학교 신학대학원 졸업

2. 경력

우리들교회 담임목사
큐티선교회 대표

3. 저서

『날마다 큐티하는 여자』, 『복 있는 사람은』, 『가정아 살아나라』 등 다수

4. 판교 교회를 건축하다

2003년 6월 휘문고등학교의 강당을 빌려서 교회를 시작한 우리들 교회는 창립 10주년이 되던 2013년 6월 16일 판교에 교회를 건립하고 봉헌하는 예배를 드린다. 이는 실로 괄목할 만한 부흥 발전을 이룬 교회라 할 수가 있으며 2000년대 이후 시작한 교회로서 큰 부흥을 이룩한 교회다.

제2장
김양재가 하나님의 종으로 부름을 받기까지

1. 결혼이 포로 생활이 되다

김양재는 대학 때에 CCC 활동을 하며 교회의 예배 반주자로서 교회를 섬기는 사람으로 살다가 대학을 졸업하고 산부인과 의사와 결혼하여 신혼 생활을 했다.

그러나 장로인 시아버지, 권사인 시모, 그 부모에 읍하는 남편으로 인해 김양재의 결혼 생활은 문자 그대로 '사로잡힌 자'의 삶이었다는 것[131]이다. 그녀는 자신의 시집살이를 '이씨 조선의 시집살이'로 비유하고 있다. 매일의 일상이 4시 반부터 8시까지, 그리고 14시부터 저녁 식사 전까지가 계속해서 집 안 청소하는 시간이었다는 것이다. 사방이 꽉 막힌 환경 속에서 자신의 속은 썩어 가면서도 자신의 교양을 포기할 수 없어서 겉으로는 전혀 표현하지 않고 살았다는 것이다.

---

131) 김양재, 앞의 책, p. 21

2. 하나님의 말씀이 임하시다

그녀는 돈과 교양이라는 우상에 사로잡혔던 결혼 생활 5년째, 30세 때에 드디어 하나님의 말씀이 임하는 사건이 일어났다[132]고 한다. 그녀는 시모의 허락을 받고 대학 때의 친구를 만나러 태릉으로 갔다가 저녁 5시경에 집으로 왔을 때에 시부모의 싸늘한 시선과 야단치는 남편이 미워지고 마치 집 안이 감옥처럼 느껴졌다[133]고 한다. 그 사건으로 인해 기도원에 가게 된 김양재는 요일 4장 18절의 말씀을 보면서 깨어지기 시작했다고 한다.

> "사랑 안에 두려움이 없고 온전한 사랑이 두려움을 내어 쫓나니 두려움
> 에는 형벌이 있음이라 두려워하는 자는 사랑 안에서 온전히 이루지 못하였
> 느니라"(요일 4:18)

그녀는 말씀 속에서 자신의 죄를 보게 되었으며, 성경에 그러한 말씀이 있는지도 몰랐던 자신에게 성령께서 함께하시는 회개의 역사가 일어났다. 그리하여 눈물과 콧물로 뒤범벅이 되어 기도하면서, 사랑하지 못했기에 늘 두려워하며 형벌의 삶을 살 수 밖에 없었던 자신을 주님 앞에 고백하기에 이른다. 그리고 드디어 예수 그리스도의 인격적인 만남을 체험하게 되었다[134]고 한다.

---

132) 김양재, 앞의 책, p. 27
133) 김양재, 앞의 책, p. 29
134) 김양재, 앞의 책, p. 32

3. 변화된 삶이 시작되다

성령께서 함께하시는 회개로 말미암아 죄 사함을 얻고 구원받게 되자 산천초목이 다 자신을 위해 존재하는 것 같았다[135]고 한다. 에스겔 1장의 전체를 보여 주시며, "네가 거할 곳은 이 땅 네 집이 아니다. 하늘의 하나님 나라가 네 성전이다. 그러니 앞으로 어떠한 어려운 일이 있어도 놀라지 말라." 하고 말씀하셨다는 것이다. 실로 하나님께서 그녀를 사용하시겠다는 의미의 말씀일 것이다.

그녀는 이제 시집에 자신의 솔직함을 표현한 편지를 보냈다. 그녀는 시집 생활에서 자신의 삶이 허무하였으며, 기쁜 것도 없었고, 좋은 것도 없고 솔직히 죽고 싶었음을 그 편지에 담았다. 그리하여 시부의 이해를 얻게 되었고, 분가를 하게 되었던 것이다. 변화된 며느리 김양재는 시댁을 방문하고 시모와 함께 예배를 드리며 말씀을 전하여서 마음으로 시모를 사랑하게 되었으며, 마침내 시모와도 통하는 사이가 되었다고 한다. 그러니까 가족의 진정한 구원에 힘을 쓴 결과였다.

4. 큐티 시간을 가짐으로써 인생 전환기를 맞다

살림이 난 김양재는 남편과 사는 것이 시어머니 시집살이 보다 더한 것 같았다. 뿐만 아니라 남편은 교회에 출석도 하지 않았기에, 자

---

135) 김양재, 앞의 책, p. 32

신의 교회 생활과 외출에도 많은 제약이 따랐다. 그러던 1981년 말에 『매일 성경』이라는 큐티 교재를 알게 되어서 조용히 말씀을 묵상할 수 있는 방법을 알게 된 것이다. 그녀는 혼자 꾸준히 말씀을 묵상해 나갔다고 한다. 그랬더니 하나님께서 말씀 한 절 한 절을 자신의 것이 되게 해 주시고 많은 깨달음을 주셨다고 한다. 그렇게 말씀으로 충만해지니까 그는 이제 돌아다니지 않아도 얼마든지 하나님의 일을 할 수가 있었다는 것[136]이다. 즉, 큐티는 말씀이 자신의 삶에 실현되는 것이기 때문에 자연스럽게 전도로 이어졌다는 것이다. 남편의 병원은 사람들이 항상 오가는 곳이다. 그래서 병원의 직원들과 환자와 가족들에게 복음을 전도했다는 것이다. 한 사람 한 사람이 주님을 영접할 때의 기쁨이 너무나 커서 다른 방해를 받아도 마음에는 기쁨이 넘쳐났다[137]는 고백이다.

5. 남편의 구원을 위해 기도하다

결혼한 지 10년이 지나도록 남편은 좀처럼 나아질 기미가 보이지 않았다. 그러자 김양재는 남편의 구원을 위해 기도하기 시작한다. "저의 생명을 거두어 가서서라도 남편이 예수 믿게 해 주세요."[138] 하면서 생명을 내걸고 기도한 것이다. 그녀는 그날 이후로 남편에게 절대 순종했다고 한다. 그 어떠한 말이라도 순종하면서 남편의 구원을 위

---

136) 김양재, 앞의 책, p. 44~45
137) 김양재, 앞의 책, p. 46
138) 김양재, 앞의 책, p. 46~48

해 기도했다는 것이다. 그러한 결과 열매들이 나타나기 시작을 하고, 남편의 마음에도 작은 변화가 일어났다고 한다. 그녀는 여전히 집 밖으로 나가는 것이 부자유하긴 했지만, 누군가와 만나거나 전화 통화로 자신이 그날 묵상한 말씀과 적용한 것을 나누기 시작했고, 변화되는 사람들이 생겨나게 된 것이다. 즉 자신이 말씀을 묵상하면서 깨달은 것과 적용한 것을 누군가에게 들려주면 그 사람이 은혜를 받아서, 그 얘길 또 들려주라며 다른 사람을 연결시켜 주었다는 것이다. 그런 중에 이혼을 결심한 분이 마음을 돌이키기도 하고, 심각한 우울증에 빠져 있던 분이 회복되며, 복음을 거부하던 분들이 주님을 영접하게 되었다는 것[139]이다. 그리하여 전도한 분들이 모이는 양육모임을 집에서 가지게 되었다고 한다. 남편은 예배모임에 대해서도 좋지 않게 생각을 하는 등 핍박을 가했다고 한다. 그러나 병원의 필요에 의해서 병원을 3층으로 증축하는 일이 있었는데, 그 3층이 예배를 드리는 처소가 되었다. 이는 온전히 하나님의 도우심으로 가능한 일이었다고 한다.

남편의 구원을 위해 생명을 걸고 기도한 지 1년이 지나가고 있었지만 남편은 여전히 변화되지 않고 있었다. 그러던 어느 날 간호사로부터 전화를 받고 병원으로 가 보니 남편이 누워 있었으며, 혈압이 계속 떨어지고 있다는 것이다.

그리하여 대학병원에 가서 복부 CT 촬영을 하니까 의사의 진단이 "간 동맥이 파열되었다."라고 했다. 즉, 남편이 간암 말기였는데 상태가 악화되어서 간 동맥이 저절로 파열되었다는 것이다. 청천벽력 같

---

139) 김양재, 앞의 책, p. 51

은 소리를 들은 김양재는 무엇보다도 남편의 구원을 말하기 시작을 했다. 여러 과정을 거쳐서 남편은 목사님 앞에 섰다.

"예수님을 믿으십니까?"

그러자 남편이 대답을 했다.

"네."

그리고 산부인과 의사로서 낙태 수술을 한 것을 하나님 앞에서 회개했다. 자신이 교회에 나가지 못한 이유가 죄를 많이 지어서라고 고백까지 했다. 남편의 구원을 확신한 김양재는 자신의 기도를 들어주신 하나님이심을 확신하게 된다.

제3장
쓰임받기 시작, 큐티 선교회의 시작

―

"만일 누가 너희에게 어찌하여 푸느냐 묻거든 말하기를 주가 쓰시겠다 하라 하시매 보내심을 받은 자들이 가서 그 말씀하신 대로 만난지라"(눅 19:31-32)

하나님께서 김양재를 이곳저곳에서 부름을 받게 해 주셨다고 한다. 그리하여 쓰임받게 된 김양재는 남서울교회의 구역장으로 봉사할 때에 구역원들과 큐티 모임을 가지게 되었고, 구역장 15명의 큐티 모임이 이루어지고, 딸이 다니던 학교의 학부형 큐티 모임이 이루어졌으며, 고3 학생들을 맡아서 양육하기에 이른다. 이러한 큐티 모임이 10여 년간 계속되었다는 것이다. 김양재는 이러한 큐티 모임을 자신의 집에서 했는데, 마침내 자신의 집이 교회와 다를 바 없는 장소가 되었다. 일주일 내내 새벽 큐티 모임, 구역 모임, 목요 모임, 학부모 모임, 재수생 모임, 대학부 조장 모임, 엘더 모임, 신입생 모임이 쉬지 않고 이어졌다는 것[140]이다. 그리고 그 인원이 1천 명이 넘게 되었다는 것이다. 혼자 힘으로 그 모든 일을 감당하기 어려울 때가 되니 도울 자를 보내 주셔서 인터넷에 홈페이지를 만들고, 그리하여 많은 사람들의 열망을 만나게 되었다고 한다.

그녀는 시모의 시집살이 약 5년, 그리고 남에 대해 절대 순종에 약 5년을 보내고 그 후 13년을 전도인으로 순종하면서 살아왔다고 한다.

그녀는 어떤 커다란 계시를 받고 순종한 것이 아니라 날마다 큐티를 통해 주시는 말씀 한 절 한 절에 순종한 것이 지금까지 이어진 것이라고 고백한다.

그러다가 마침내 2000년 7월 17일 제3회 큐티전도대회에서 QTMQuiet Time Mission이 출범하게 되었다. 2001년 동안교회에서 제4회 대회에서는 2천여 명이 모이는 대회가 되었으며, 매년 3백여 명의 결신자가 생겨났다[141]고 한다. 한 사람의 평신도가 이끄는 QTM이 이러한 비약적인 발전한 것은 하나님의 인도하심에 순종한 김양재를 하나님께서 사용하시고 있음을 보여 주는 일이라 할 수 있다.

---

140) 김양재, 앞의 책, p. 69~71
141) 김양재, 앞의 책, p. 74~75

1. 큐티하는 방법을 제시하다

1) 큐티 제대로 하기

아침에 일어나면 성경부터 보아야 한다고 강조한다. 우선순위를 하나님의 말씀을 보는 것에 두어야 한다는 것이다. 그리고 구체적으로 큐티하는 예를 기록하고 있다.

① 기도하기

"하나님 아버지 시편 1편을 묵상하려고 합니다. 성령님께서 깨달을 수 있는 마음과 볼 수 있는 눈, 들을 수 있는 귀를 주세요. 예수님의 이름으로 기도합니다."

그리고 먼저 본문을 크게 소리 내어 읽고, 그다음엔 눈으로 읽는다. 그러고는 마음으로 읽으면서 하나님에 대해 찾아본다.

② 기록하기

말씀의 핵심은 무엇인가? 바로 하나님과 예수님 그리고 성령님이 어떤 분이신지를 찾는 것이다.

시편 1편에서,

- "여호와의 율법을 즐거워하며" — '율법이신 하나님'을 기록할 수 있다.
- "그는 시냇가에 심은 나무가 철따라 열매를 맺으며", "그가 하는 모든 일이 다 형통하리로다" — '모든 것을 형통케 하시는 하나님'을 기록할 수

있다.

■ "악인들은 심판을 견디지 못하며" — '심판하시는 하나님'을 기록할 수 있다.

■ "무릇 의인의 길은 여호와께서 인정하시나" — '의인의 길을 인정하시는 하나님'을 기록할 수 있다. 큐티할 때에 꼭 필요한 것은 기록하는 것이라 한다.

그녀는 말씀 묵상의 유익은 열거할 수 없이 많으며, 예수님이 길이요 진리요 생명이라 하셨으니, 그러므로 하나님과 예수님에 대하여 잘 묵상하면 아이들을 잘 양육하는 길, 행복하게 사는 길, 부부 관계를 회복하는 길 등을 찾을 수가 있다[142]고 한다.

③ 관주 찾기

말씀을 깊이 알기 위해서는 관주까지 찾아보며 묵상하는 것이 좋다고 한다.

2) 큐티 씹어먹기

아브라함과 모세 다윗도 믿음의 양육과 훈련 기간이 있었으며, 그렇기에 우리들도 말씀으로 양육받고 훈련하는 기간이 필요하다는 것과 성경을 순종하려고 읽으면 꿀같이 달아지는 것임을 자세히 설명하고 있다. 그리고 말씀 묵상에 무슨 특별한 방법이 있는 것이 아니라 그저

---

142) 김양재, 앞의 책, p. 86

성령님이 우리에게 깨닫게 해 주시는 은혜로 하는 것[143]이라고 한다.

3) 양육 받는 방법

하나님은 우리를 양육하실 때에 어떠한 방법으로 양육을 하시는가?

성령님은 친히 우리의 스승이 되어 주신다.

"성경은 스스로 해석한다."라는 신학의 주제처럼 성령께서 스승이 되셔서 우리로 하여금 성경을 깨우치게 해 주신다는 말씀이다.

김양재는 주님께서 자신을 대신해 죽으셨다는 사실을 깨달은 날부터 인생이 달라졌다[144]고 한다. 그러면서 디도서 2장 13절을 제시한다. 하나님의 뜻은 우리가 불법에서 구속되고 깨끗하게 되는 데 있다는 것이다.

성경은 여러 곳에서 우리에게 거룩하라고 하신다. 거룩은 '구별된다'는 뜻이다. 결혼의 목적도 행복이 아니라 거룩에 두어야 한다는 것이다.

인생의 목적을 알면 시각이 달라진다는 것이다. 원수 같은 남편, 속 썩이는 자식도 나를 훈련하는 사람으로 보게 된다. 그래서 내가 저 사람을 안 만났다면 예수도 모르고 양육도 안 되었을 텐데, 하고 생각을 할 수 있다는 것이다.

즉, 세상 사람들이 도저히 할 수 없는 생각과 적용을 하며 살 수가 있다는 것이다. 이렇게 사는 것이 "구별된 삶이요, 거룩한 삶이다."라고 말하고 있다.

---

143) 김양재, 앞의 책, p. 93
144) 김양재, 앞의 책, p. 95~96

하나님께서 우리를 훈련하시는 목적은 선한 일에 친백성이 되게 하려 하심이라 했다. 즉, 훈련받아서 나 혼자 잘 지내게 하려 함이 아니라 선한 일에 열심을 내는 친백성his just own으로 만드시려 함이 하나님의 궁극적인 목적이라는 것이다.

김양재는 말씀 묵상은 죽을 때까지 계속해야 하며 큐티는 날마다 해야 하는 '삶의 과정'이라 했다.[145]

4) 큐티를 적용하여 승리하는 사람들

시편 1편의 말씀을 적용해 보면, 복 있는 사람은 말씀을 즐거워하는 사람, 말씀을 주야로 묵상하는 사람이고, 시냇가에 심은 나무이며, 잎사귀가 마르지 않는다. 그 행사가 형통하다. 반대로 악인은 말씀을 묵상하지 않는 사람이고, 바람에 나는 겨이며, 망하는 길을 간다.

그러니까 '말씀을 묵상하는 사람은 형통한 길을 간다'는 것이다. 시냇가에 심어진 나무이기에 때가 되면 결실을 할 수가 있다는 것이다.

김양재는 자신도 망할 수밖에 없었던 사람이었다[146]고 한다. 내가 왜 이러고 살아야 하나 싶은 마음이 줄기차게 일었지만 그때마다 예수님을 묵상하면서 위로를 받았다고 한다. 그랬기 때문에 '시냇가에 심은 나무처럼' 승리할 수가 있었다는 것이다. 김양재의 구역장 시절에 큐티를 충실하게 따랐던 한 미용사 집사가 있었는데, 그는 당시 이혼하려는 마음이었으나 남편의 모진 구박에도 말씀을 적용해 참고 인내했으며, 승리할 수가 있었다고 한다. 큐티에서 은혜를 받으니 전

---

145) 김양재, 앞의 책, p. 99
146) 김양재, 앞의 책, p. 123

도하게 되고, 그리하다가 미국에서 온 한 권사를 만나게 되었으며, 그 권사가 은혜를 받아 그 미용사 집사를 미국으로 초청해서 지금은 미국 뉴저지에서 잘 살고 있다는 것[147]이다. 뿐만 아니라 남편으로부터 굄을 받고 산다는 것이다. 큐티에서 말씀의 은혜를 받아서 승리한 여집사의 예다.

5) 말씀을 내 기도제목 삼기

김양재 목사는 골로새서 1장 1-14절의 말씀으로 기도하는 모범을 제시하고 있다. 그녀는 사도 바울이 감옥 속에 있으면서도 자신의 석방을 위해 기도하지 않고 오히려 골로새 교인들의 영혼을 위해, 그들이 하나님 나라만 바라보기를 구하는 그 바울의 기도를 생각하면서 말씀으로 기도의 제목을 삼기를 예로 보여 주고 있다. 그녀는 골로새서 1장 1-14절로 열한 번의 기도 제목을 보여 주고 있다.

그녀는 하나님 나라를 알지 못하면 합당한 기도를 할 수 없고 합당한 열매를 맺을 수가 없다고 한다. 그러나 날마다 말씀을 묵상하며 그 묵상한 말씀으로 기도하면 하나님의 뜻에 합당한 기도를 할 수 있다[148]고 한다. 그러니까 말씀으로 자신의 기도의 제목으로 삼으라는 것이다.

예를 들어서 골로새서 1장 1절의 말씀 "하나님의 뜻으로 말미암아 그리스도 예수의 사도 된 바울과 형제 디모데는"에서 바울이 하나님의 뜻으로 사도가 되었다고 했으니, 우리들도 우리에게 맡겨진 일이

---

147) 김양재, 앞의 책, p. 119
148) 김양재, 앞의 책, p. 156

하나님의 뜻으로 된 것임을 알고 무조건 순종해야 한다는 것이다. 부르심을 따라 순종하는 삶을 살다 보면 내 옆에 형제 '디모데'가 생긴다는 것이다.

큐티를 열심히 하는 분들은 자연스레 전도나 상담 또는 양육에도 열심을 내게 되는데, 그 방법도 '깨달아지는' 것이라 한다. 또한 성령님을 스승으로 모시고 성경 말씀을 집중적으로 들으려 했을 때에 많은 사람이 하나님의 음성을 듣게 되었다[149]고 한다. 김 목사는 또 환난이 우리를 양육시키는 도구가 된다고도 했다.

---

149) 김양재, 앞의 책, p. 143

제4장
우리들교회 창립

—

    김양재 목사는 2003년 6월 서울시 강남구 역삼동에 있는 휘문고등학교 내에 우리들교회를 창립한다.

    그때 주신 말씀이 에스겔 43장이라 한다. 그녀는 에스겔이 특별한 감동을 받아 하나님의 영광에 이끌리어 전으로 들어갔듯이, 하나님의 영광이 자신을 인도하여 우리들교회를 개척하게 하셨고, 우리들교회에 하나님의 영광이 가득함을 보게 하셨다고 한다. 성도들의 아픔을 보며 주의 말씀을 전할 때마다 주의 신이 에스겔에게 임하신 것처럼 자신에게도 임했다고 한다. 우리들교회는 여호와의 영광의 임재가 약속된 교회라고 말씀해 주시며 하나님께서 제게 원치 않는 길을 띠 띠우고 가게 하셨다고 한다. 또한 자신을 데리고 성전 안뜰에 들어갈 것이니, 주님을 신뢰하고 가라고 끊임없이 격려해 주셨다는 것이다. 또한 주님은 우리들교회가 하나님의 보좌의 처소, 하나님의 발을 두는 처소, 영원히 거하는 처소가 되게 하겠다고 말씀을 하셨다는 것이다. 그러기에 음란과 죽은 세상 왕들의 시체를 멀리 제하고 주님의 거룩한 이름을 더럽히지 말라고 말씀하신다는 것이다.

우리들교회는 많고 많은 교회 중에 하나를 더한 교회가 아니다. 이제 믿는 족속에게 보여서 그들로 자기 죄악을 부끄러워하게 하는 교회가 되라고 하신다.

우리들교회는 모든 규례와 법도와 율례를 알게 하는 교회이며 큐티 즉, 말씀 묵상을 하는 교회다. 이 에스겔 성전의 법은 회개하고 돌아오는 자에게만 의미가 있다는 것이다.

1. 우리들교회 특징

1) 오직 구원에 목적이 있다

김양재 목사는 남편의 구원을 위해서는 남편의 병원이 망하기를 기도했으며, 또한 자신의 생명을 거두어 가도 좋으니 남편을 구원해 달라고 기도했다.

2) 큐티를 통해 말씀에 다가가며 하나님과 교통한다

3) 고난은 유익이다

왜냐하면 자신을 훈련하는 길이기에, 양육을 받는 길이기에 그러하다. 어려움에 처해 갈급할 때 말씀을 사모하게 되니까.

4) 양육을 잘 받게 되면 인내할 수가 있다

그리하여 참고 견디어서 열매를 거둘 수가 있다

5) 큐티를 열심히 하면 은혜를 받는다

그리고 전도하게 되며, 양육의 길이 열린다

6) 바람난 남편

속 썩이는 자녀가 다 자신의 훈련 도구다

7) 고난을 자랑한다

2. 우리들교회를 섬기는 자들

1) 김양재 담임목사를 비롯하여 섬기는 자들
- 평원지기: 목사 19명, 여집사 22명
- 초원지기: 남집사 46명, 여집사 52명
- 사역자: 목사 17명, 강도사 1명, 전도사 9명, 교육전도사 7명
- 사무처: 13명

2) 파송선교사
- 아시아 지역: 25명
- 유럽 지역: 28명

- 아프리카 지역: 5명

- 남아케리카 지역: 3명

- 북아미리카 지역: 2명

3) 기관

- 우리들부부학교

- 우리들백세학교

- 지역사회어린이학교

4) 방송

- 유튜브 채널 '우리들교회'

- 유튜브 채널 '큐티엠'

5) 창립 10주년

2013년 6월 16일에 판교 채플을 건축하여 봉헌하다